Just One Minute!

Training

顔が上がる⤴

1分×表情筋トレ

表情筋トレーナー
石川時子 著

大和書房

tokiko ishikawa

Prologue

「笑顔」をつくるのは苦手ですか⁉

私の仕事は「表情筋トレーナー」。簡単にいえば、顔の表情を豊かにすることで、人々に人生をリセットしていただく仕事です。個人レッスンや企業研修で表情筋トレーニングを行うだけでなく、ミス・ジャパン愛知のビューティキャンプ講師も務めています。ミスコンに参加する方たちは、こうしたキャンプでウォーキング、スピーチ、マナーなどさまざまなレッスンを受けたうえで、大会の舞台に上がるのです。

コンテストに出場する方々は、みなさん、お顔がきれいでスタイルがいいだけでなく、生き方も前向きで、今後の活躍が楽しみな方ばかりです。ところが残念なことに、いろいろなコンテストで日本代表となって世界大会まで進出すると、他国の代表と比べ、スピーチやパフォーマンスの場面で若干、見劣りすることがあるように感じます。

現在のミスコンで高い評価を得るためには、外見の美しさだけでなく、内面からにじみ出る感性や知性、明るさ、豊かさなどが総合的に評価されます。高い評価を得るためには、自分自身の個性や魅力を目一杯表現するための、最高の笑顔が必要です。しかし、日本人はどうしても、欧米人のようなビッグ・スマイルが苦手です。

顔は「表情筋」でできている

理想の「ビッグ・スマイル」とは、口角をきゅっと上げ、上の歯を8本以上きれいに見せる満面の笑顔です。それこそが、まさに日本の女性たちにとっては難問なのです。日本では、むしろ歯を見せるのは下品とされてきました。女性が笑うときは、歯が見えないように手で口もとを隠すのが習慣だったのです。口角を上げる習慣が身につくはずもありません。

万事控えめな国民性もあってか、笑顔に限らず、日本人の感情表現は抑制的です。顔の表情は、表皮の下にある「表情筋」というたくさんの筋肉を動かすことによってつくられます。表情が抑え気味だと、表情筋も動きません。欧米人が、日常生活で表情筋の7〜8割を動かしているのに対して、日本人では、わずかに2〜3割といわれます。

顔の筋肉も、手足の筋肉と同じです。使えば鍛えられるけれど、使わなければ衰えます。顔の筋肉は表情を動かすことによって鍛えられますから、表情が動かなければどんどん衰えてしまいます。

表情筋が衰えて硬くなれば、皮膚のハリが失われ、むくみやたるみが生じます。しわ

tokiko ishikawa

Prologue

ができ、しみやくすみも増え、どんどん老化が進んでいくのです。

表情筋を動かすポイントは口です。表情筋の70％が口の周囲に集まっているからです。口角を上げて、大きな笑顔をつくれる人ほど明るく、若々しく、はつらつとして見えるのはそのためです。

筋肉は何歳になっても鍛えられる

「25歳はお肌の曲がり角」という言葉もあるように、私たちの肌は20代から衰え始めます。30代に入ると、しわやたるみが気になり始めます。しかし、肌の老化には個人差があり、日頃から表情筋をどのくらい使っているかによっても大きく違ってきます。

筋肉は簡単に老化するけれど、じつは若返るのも意外に簡単。適度なトレーニングと適切な食事、休養をとることにより、筋肉は何歳になっても鍛えられます。ドイツの生物学者ウィルヘルム・ルーが提唱した、有名な「ルーの法則」です。表情筋も例外ではありません。

手鏡をまっすぐ正面に持って、自分の顔を映してみてください。見えるのは、現在のあなたの顔です。次に、鏡を真上に持っていって、自分の顔を映してみてください。見えるのは、10年前のあなたの顔です。最後に、鏡を下に置いて、自分の顔を映してみてください。そこに見えるのは、10年後のあなたの顔です。

毎日を漫然と過ごしていたら、表情筋は確実に衰え、顔は老化していきます。でも、適度なトレーニングと、毎日のちょっとした工夫や心がけしだいで、10年前の顔に戻すことも可能なのです。

あなたも表情筋トレーニングで、10年前の自分をめざしてみませんか？

石川時子

tokiko ishikawa

History

Before

20年前

→

After

現在

私には姉と妹がいるのですが、二人とも色白で女の子らしい子どもでした。私といえば色黒で、スカートを穿いていてもよく男の子に間違われていました。「大人になったら、色白でかわいい女性になりたい！」と思ったものです。

結婚後、年子での育児もあり、なかなか自分の美容に手をかけられていないある日、鏡に映った自分に驚きました。顔全体が下がり、ぼやけたフェイスライン、開いた毛穴……。それから、慌てて化粧品を変えたり、エステに通ったりしました。少し効果が表れると、「ずっときれいでいたい！」という気持ちが強くなり、化粧品の限界を感じ始めたのです。そんなとき、表情筋トレーニングと出合いました。3か月経った頃には、自分で変化を感じただけでなく、まわりの人からも「顔が小さくなった」「きれい！」と言われました。なかでもよく言われたのは「何をしているの？」でした。それから、皮膚や筋肉のことを学ぶプロ養成科に通い、表情筋トレーニングの講師となりました。

こうした外側の変化を感じると同時に、内面と外見はつながっていることも実感するようになりました。外見を磨くとともに内面も美しく。内面を磨くとともに外見も美しく。表情筋トレーニングをベースに笑顔美人を増やし、第一印象アップのサポートをさせていただくことが私のミッションとなったのです。

How to use!

本書の使い方

PART 2

表情筋トレで顔↑《アップ》［基本］

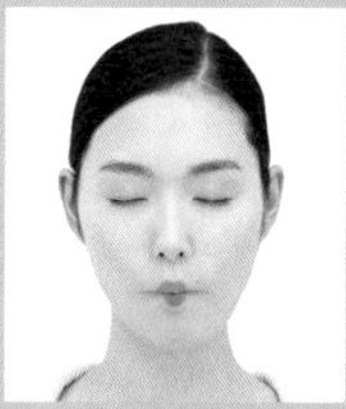

普段動かしていない筋肉が動くよう、ウォーミングアップします。
はじめて表情筋トレを行う方は、ここから始めましょう。

PART 3

表情筋トレで顔↑《アップ》20

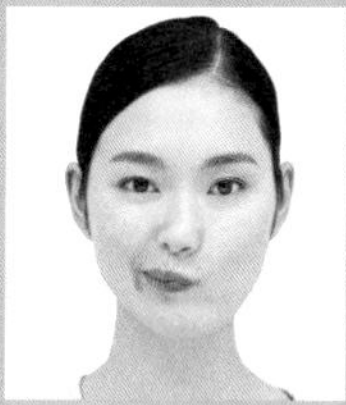

20 種類の表情筋トレ。顔のパーツで気になっているところを❶から始め、慣れたら❷、❸と順に行います。
気になるパーツを一つずつ組み合わせても OK です。

PART I

顔が下がる↓理由

PART 4

いい顔をキープする10の習慣

表情筋トレの効果がさらにアップする、ライフスタイルに取り入れたいこと 10。

Contents

PART 3

表情筋トレで顔↑《アップ》20

Column

Before and After

PART 4
いい顔をキープする10の習慣

PART

I

顔が下がる↓理由

01

REASONS

顔は上から老けていく

私たちは、顔も体も、朝、目覚めて起き上がった瞬間から、重力の影響を受けます。下へ、下へと落ちていく運命から逃れることができません。

重力がもたらす顔の老化は、いちばん高いところから始まります。最初に気づきやすいのは額の横じわです。

しかし、見えないところでは頭の筋肉の老化も進んでいます。

頭のてっぺんに「百会《ひゃくえ》」というツボがあります。百会をはさんで後方にある筋肉が後頭筋《こうとうきん》、前方にある筋肉が前頭筋《ぜんとうきん》です。後頭筋と比べて前頭筋は薄くて弱いため、重力による影響を受けやすく、そのひずみが額の横じわとなって最初に表れるのです。

次に、上まぶたが垂れ下がり、目の下もたるみ始めます。

上まぶたが下がってくると、しだいに目が埋没して、歳をとったときの独特の小さな三角目になります。目の下のたるみは、若い女性なら「涙袋」と呼ばれてチャームポイントでもあるのですが、30歳を過ぎると典型的な老け顔の要素となってしまいます。

漫画『ゴルゴ13』の主人公の顔にあるような、頬を斜めに横切る「ゴルゴライン」が表れることもあります。「ほうれい線」も目立ち始めます。ほうれい線が深く刻まれて口もとからあごまで達すると、腹話術人形の顔そっくりな「マリオネットライン」になります。

ゴルゴライン、ほうれい線、マリオネットラインは老け顔の三大要素です。

その大きな原因は、いずれも頬のたるみ。若々しさには**頬の高さ**が重要なのですが、頬の筋肉が衰えると頬全体がたるんでげっそりと落ちるため、老けた印象が強くなります。たるみがさらに進むと、最凶の老け顔である「ブルドッグ顔」になってしまいます。

顔の老化要因として意外に重要なものが、鼻の下の長さです。美容業界では、鼻

01
REASONS

顔は上から老けていく

の下の長さと、下唇からあごまでの長さが「1対2」を美しい顔の黄金比率と考えますが、その比率は、顔の下半分が落ちるのにつれて崩れてきます。若い頃はきゅっと締まった小顔だった場合でも、鼻の下が伸びるため、間延びしてフェイスラインがゆるんでいきます。

下へ下へと落ちていくのは、顔だけではありません。あごの下のやわらかい筋肉がゆるみ、二重あごになります。

首にもしわができます。胸も垂れ始めます。おなかの筋肉もゆるんで落ちてきます。お尻も下がり、膝も下がります。

何もしなければどんどん下へ落ちていくという重力の作用こそが、顔の老化を引き起こす最大の原因であることは間違いありません。

重力に対抗するためには、筋肉を鍛えるのがいちばん効果的です。表情筋トレーニングを行えば、顔の筋肉の柔軟さと強靭さを取り戻し、上へ、上へと引き上げていくことができます。

老け顔の三大要素

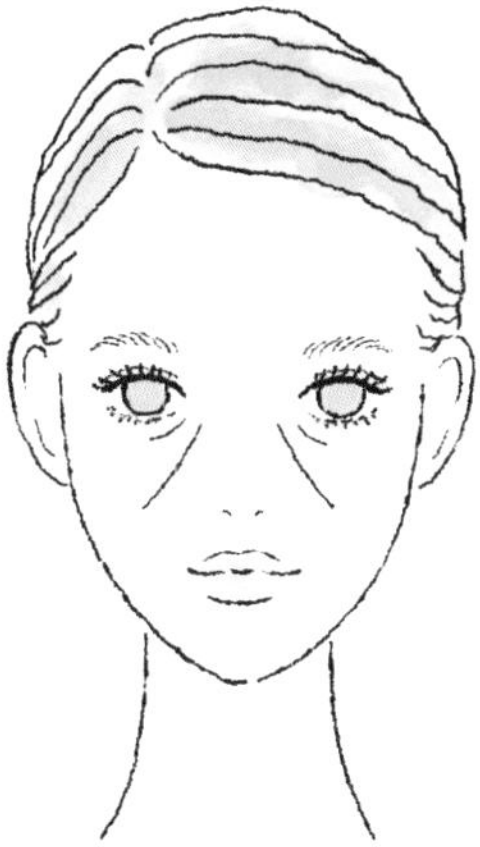

ゴルゴライン

目頭から頬にかけて伸びたしわのライン。目のまわりの筋肉、頬の筋肉が衰えてくると下がってきます。

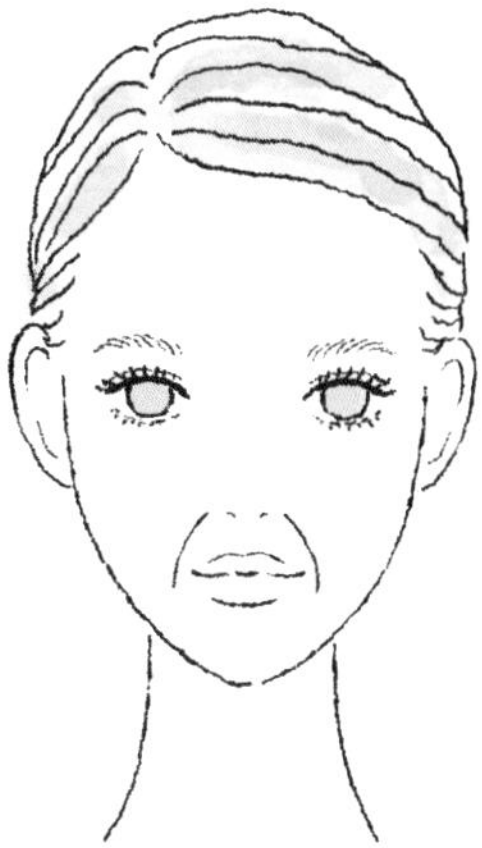

ほうれい線

口もとの左右にできる縦のしわ。真皮のコラーゲンが減り、表情筋のゆるみ、たるみによって深くなっていきます。

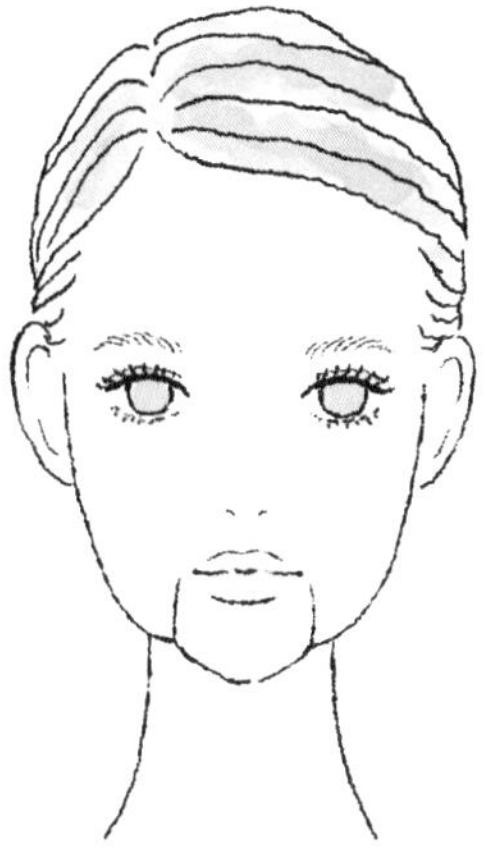

マリオネットライン

ほうれい線が深く刻まれて、しわのラインが伸び、頬のたるみがあごまで伸びた状態。

02

REASONS

顔と首の境目をなくす「スマホ」

ちょっとしたクセや毎日の生活習慣が、知らず知らずのうちに、顔にかかる重力を補強してしまうことがあります。たとえば、背中を丸めて歩くクセ。欧米人と比べ、日本人には内肩気味の人が多いといわれます。両肩が胸よりも前に出ているため猫背になり、あごを前に突き出しがちなのです。結果、上半身がすべて内向き、下向きになり、顔全体が下がるだけでなく、首が太く、短くなります。

寝姿勢も影響します。横向きやうつ伏せなど、いつも同じ側を向いて寝ると、顔の左右のバランスが崩れて、ゆがんできます。うつ伏せ寝が習慣になると、顔全体がむくみ、たるんできます。

一日中、デスクで書類仕事に没頭したり、ノートパソコンの小さな画面を凝視し続けたりするのも危険です。しかし、今の時代、何よりも深刻な問題は長時間のスマホ使用でしょう。うつむいてスマホ操作を続けていると、首の筋肉が固まり、肩こりや首こり、頭痛などの原因になります。いわゆる「**スマホ首**」です。これに対し、スマホの使い過ぎが原因で頬やフェイスラインがたるみ、二重あごになった顔が「**スマホ顔**」です。たるみが進むとほうれい線が深くなり、「ブルドッグ顔」になることもあります。

最近は、10代でも顔と首の境目のない方が増えてきました。原因は、ほぼ間違いなくスマホだと思います。10代、20代のうちはまだ大丈夫と思っていても、30代に入った頃から、急速にたるみが進む心配があります。

スマホ顔で怖いのは、重力の作用で筋肉が落ちることだけではありません。首まわりの筋肉が硬直するため、首から上への血流とリンパの流れが滞り、肌が若さを保つために必要とする酸素や栄養素が不足しがちになります。その結果、しわやしみ、肌のくすみなども生じやすくなるのです。

現在の10代、20代の女性の中には、子どもの頃から毎日、何時間もスマホを使い続けてきた人がたくさんいます。彼女たちの顔は、これまでよりも早く老化が始まるのではないかと心配でなりません。

03

REASONS

顔を大きくする「塩分」

朝、鏡を見たら、顔がむくんでいて驚くことはありませんか？　顔がむくむと目のまわりが腫れてパンパン、あごは二重になり、顔全体が大きく見えます。ファンデのノリも悪く、見た目の印象がまったく違って若々しさが失われてしまいます。

顔がむくむ原因はいくつかあります。たとえば、お酒を飲み過ぎた翌朝は、目のまわりがとくにひどく腫れます。ビールなど酒類に利尿作用があることに加えて、アルコールの分解に水が必要なため、喉が渇いて、たくさん水を飲むせいだともいわれます。また、お酒を飲むと老廃物が体内に残りやすいためだともいわれます。

反対に、水分が足りないときも、むくみは起こります。体が水分を求めて溜め込もうとするのです。朝、顔がむくむことが多いのは、眠っている数時間の間に、水分が体内にとり込まれてしまうためです。肩や首がこっているときも、顔はむくみます。体が冷えるのもよくありません。いずれも血液やリンパ液の循環が滞るからです。枕の高さが合っていないときも、睡眠中に頸部の筋肉が緊張して血液やリンパ液がスムーズに流れないため、顔がむくみます。

しかし、顔がむくむ原因として、実際にいちばん多いと思われるのは、塩分のとり過ぎです。塩分には水分を抱え込む性質があります。だから、塩気の多いものを食べ過ぎると、体内の水分量が増えます。お酒を飲んだ翌朝、顔がむくみやすいのも、お酒のつまみには塩味の濃いものが多いためかもしれません。

幸いなことに、むくみは比較的簡単に解消できます。顔の悩みの中では、リンパマッサージや表情筋トレーニングの効果がいちばん出やすいのです。**効果的なケアを行えば、腫れた目もすぐにぱっちり開き、フェイスラインも引き締まります。**

ただし「時間がたてば自然になおる」と考えて、放置するのはよくありません。時間がたてば改善したように見えるかもしれません。しかし、その間にも水分の重さで、少しずつまぶたや頬が下がります。適切に排出されなかった老廃物も蓄積します。時間をかけ、少しずつ肌が伸びて、たるんだ老け顔となっていくのです。

04

REASONS

顔をゆがめる「利き目、利き歯」「表情グセ」

重いショルダーバッグをいつも右肩にかけているという人は、いつのまにか右肩が下がり、背骨が曲がって、体がゆがんでいきます。顔にも同じことが起こります。ものを見るときに右目ばかり使っていたり、食べるときに左側の歯ばかり使っていたりすると、左右のバランスが崩れて顔がゆがんでしまうのです。

美容業界でよくいわれることは、美しい顔の第一条件は左右対称であること。目が大きいとか鼻すじが通っているということより、全体としてバランスのいい顔がいちばんきれいに、感じよく見えるものです。

しかし、左右の目に視力差があると、無意識のうちによく見えるほうの目ばかりに頼るようになります。使わないほうの目の筋肉は衰え、まぶたが垂れ下がってきます。歯の状態も、顔のバランスに大きな影響を与えます。たとえば左側に虫歯があると、自然と右側の歯だけで噛むようになります。その結果、顔の左側の筋肉が衰え、頬や口の左側だけがたるんだり、しわができたりするのです。

顔のゆがみは、表情グセがあると、さらに進行します。たとえば、口もとをゆがめて笑うクセがあると、年齢を重ねるにしたがい口が曲がったままになります。いつも不満そうに唇を突き出していると、口の周囲にしわが刻まれ、普段から不満そうな顔になります。気難しそうな顔ばかりしていると、眉間のしわはどんどん深くなります。つまり、**その人の普段の表情が、その人の顔として固定化していく**のです。

シャネルの創始者であるココ・シャネルはいくつもの名言を残しましたが、その中にこんな言葉があります。

「20歳の顔は自然の贈り物、50歳の顔はあなたの功績」

自分の顔は、まさしく日々の自分自身がつくっていくものなのです。

いくつになっても、意識を変え、表情を変えることで、顔を変えていくことはできます。若々しく魅力的な顔にすることは、目や鼻などのパーツにこだわることより、ゆがみのないバランスのいい顔にすることなのです。

05

REASONS

しわをつくる「乾燥」「日焼け」

たるみ、しみと並んで、30代以降の女性にとって脅威なのがしわ。私たちは、そのしわを三つに分けて考えています。

一つ目は、肌の表面にできる細かいしわ。乾燥した日の夜など、鏡を見たら目や口のまわりに縮《ちり》緬《めん》のような小じわがたくさん寄っていて、ぎょっとした経験をお持ちの方もいらっしゃるかもしれません。

小じわの原因は**乾燥**です。肌組織に含まれている水分が不足して表皮が乾き、線状の浅い溝がたくさんできてしまうのです。小じわを防ぎ、改善するために何より必要なのは水分です。日焼けを避け、化粧水などでていねいな保湿ケアを行うと同時に、**水分**をたくさんとって、体の内側からの水分補給にも努めましょう。

肌のしくみ

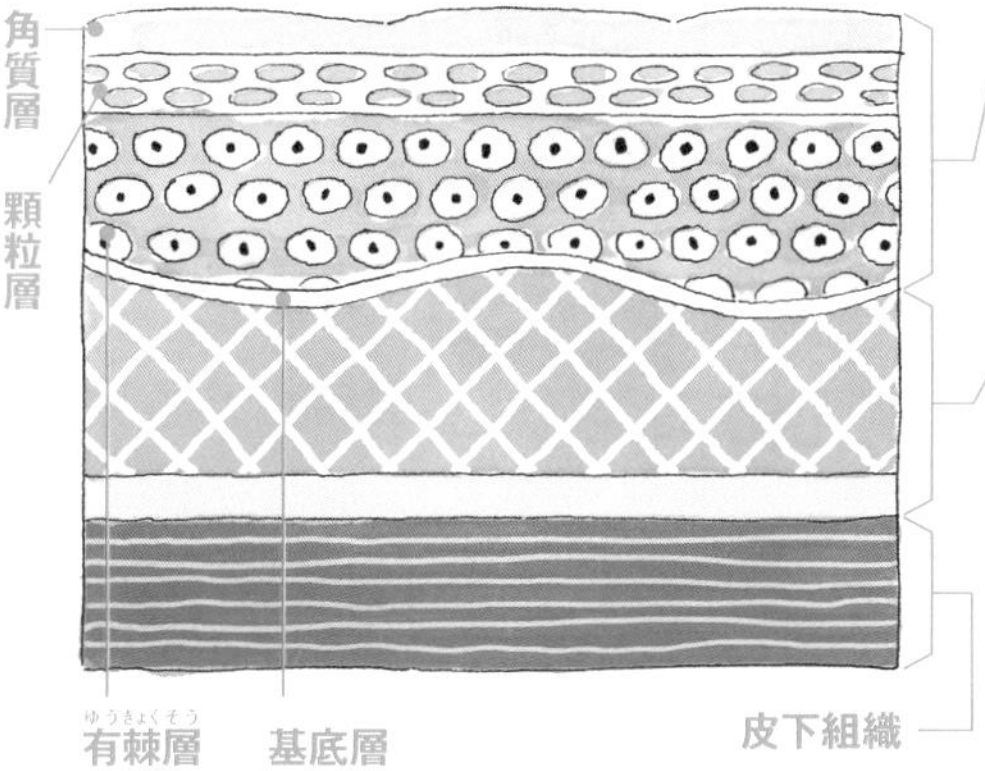

表皮

表皮は、一番外側を覆う角質層で、肌の水分をキープする役割があり、バリア機能が働いています。ここで皮膚の新陳代謝であるターンオーバーが繰り返されます。

真皮

表皮を下から支える皮膚組織。真皮の中には線維芽細胞と呼ばれる美肌づくりに関係する細胞が含まれています。老化や紫外線の影響で真皮の構成要素の生産がスムーズにいかなくなると、表皮を支える力が弱くなります。

二つ目は、前項でお話しした表情じわです。笑ったときや顔が片寄ったときにできる、表情の変化でできるしわです。ほうれい線やマリオネットラインも表情じわの一種です。筋肉の使い方によって生じるゆるみやたるみも影響するのですが、逆に言えば、**表情筋は筋肉を鍛えて、たるみを引き上げる**ことで改善できるということです。

三つ目は固定じわです。固定じわは真皮から生じるもので、表情じわを放置していると、いつのまにか筋肉が固まって、深く刻まれたしわが定着してしまいます。ここまでいくと、表情筋トレーニングだけで改善するのは難しくなってきます。ただし、表情じわの段階で適切なトレーニングを始めれば、固定じわに進行するのを防ぐことができます。

06

REASONS

しみをつくる「血流とリンパの流れ」

表情筋トレーニングには、しわ、たるみ、むくみ、しみ、くすみを解消し、顔を小さくするという六つの効果があります。表情筋を鍛えることでしみやくすみまで改善できるというと、不思議な顔をされる方もいらっしゃいます。しみやくすみは表皮のトラブルだから、筋肉とは関係ないと思われているかもしれません。生まれたばかりの赤ちゃんの顔には、しみもくすみもありません。顔の色は年齢を重ねるにしたがって透明感を失い、色が変わり、しみも生じていきます。

　主な原因は、血流やリンパの流れの停滞です。肌に届く酸素や栄養分が不足するため、新陳代謝が悪化。肌のターンオーバー、つまり表皮の角質層が剥がれ落ちて新しい細胞に生まれ変わるサイクルが長くなるのです。ターンオーバーのサイクルは、20代では28日周期ですが、40代になると倍の56日周期といわれます。水分補給も滞りがちになるため、肌は新鮮さやみずみずしさを失い、しみが残りやすくなります。乾燥が原因の大人ニキビができたり、吹き出物が増える人もいます。目の下に黒いクマが出やすくなるのも、血流やリンパの流れの滞りが原因です。目の周囲や口のまわりは皮膚が薄いため、とくに目立ちます。

毛穴が開いて汚れるために、顔が黒っぽく見えることもあります。若い人の場合、皮脂の過剰分泌で毛穴が開くことが多いのですが、30～40代では**筋肉の硬化**が主な原因です。手足の筋肉と同様、表情筋も使わないと硬く、動きにくくなります。毛穴は小さな円形の穴です。肌が柔らかくて弾力があれば、重力がかかっても円形を保つことができます。ところが、筋肉が硬くなると重力に逆らえず、下へ、下へと引っ張られて「涙形」に開いてしまいます。そこにファンデーションや老廃物がたまったり毛が詰まったりして、毛穴が黒っぽく目立ってしまうのです。

しみやくすみ、目の下のクマ、毛穴などの大きな原因は、**顔の運動不足**。筋肉を鍛えて血流とリンパの流れを改善し、ターンオーバーのサイクルを短縮する必要があります。肌の新陳代謝がよくなれば、奥に潜むしみ予備軍まで撃退できます。

Column
Before and After
case ❶

Before

profile

Sさん　40代　女性

トレーニング内容

○表情筋トレ［基本］
顔全体の筋肉を動かす　#1～3

○表情筋トレ 9～10
おでこの横じわ、目のまわりをケア❶～❷

○表情筋トレ 11～12
狭のたるみをケア❶～❷

○表情筋トレ 13～14
口角アップ❶～❷

（トレーニング期間 4weeks）

After

毎日1回3セット、鏡を見ながら行いました。頬の位置が高くなり、顔全体が引き締まりました。笑顔も、少しずつですが、口角が上がるようになりました。

PART 2

表情筋トレで顔↑《アップ》［基本］

顔の要、表情筋

表情筋とは、顔面、頭蓋《とうがい》、頸部《けいぶ》の皮膚の下についている筋肉群のことです。約20数種類あり、眼輪筋《がんりんきん》、前頭筋《ぜんとうきん》、鼻筋《びきん》、口輪筋《こうりんきん》など骨と皮膚、または皮膚と皮膚をつなぐ横紋筋《おうもんきん》で、顔面神経の支配を受けています。
主に喜怒哀楽の表情をつくるほか、眼・鼻孔・口の開閉や、「食べる」「吸う」「吹く」「しゃべる」などの動きにも関与します。

表情筋は、その名のとおり、表情をつくるのに欠かせません。この筋肉を鍛える「表情筋トレ·tokko メソッド」で、顔にまつわるたるみ、しわなどの悩みを解消し、表情を豊かにします。

表情筋トレ［基本］

表情筋トレは、手鏡一つあれば、いつでもどこでもできる、顔の筋トレです。

普段、携帯やパソコンを使い、下ばかり見ている、食事のときはあまり噛まない、無表情になりがち……など、日本人は表情筋を２～３割程度しか使っていません。

今まで動かしていない7～8割を動かしていくわけですから、まずは、顔全体の筋肉を動かし、ウォーミングアップしましょう。

Basic Training

はじめの３ポイント

1 姿勢を正し、
鏡が真正面になるよう、手に持ってください。

2 モデルさんの顔の形をよく見てから、
５秒間かけて顔全体を動かしてください。

3 基本のトレーニングのうち
どれか一つ行ってから、
PART3のパーツ別へ進みましょう。
顔全体の筋肉を動かしてからのほうが、
各パーツも動かしやすく効果的です。

表情をつくる筋肉

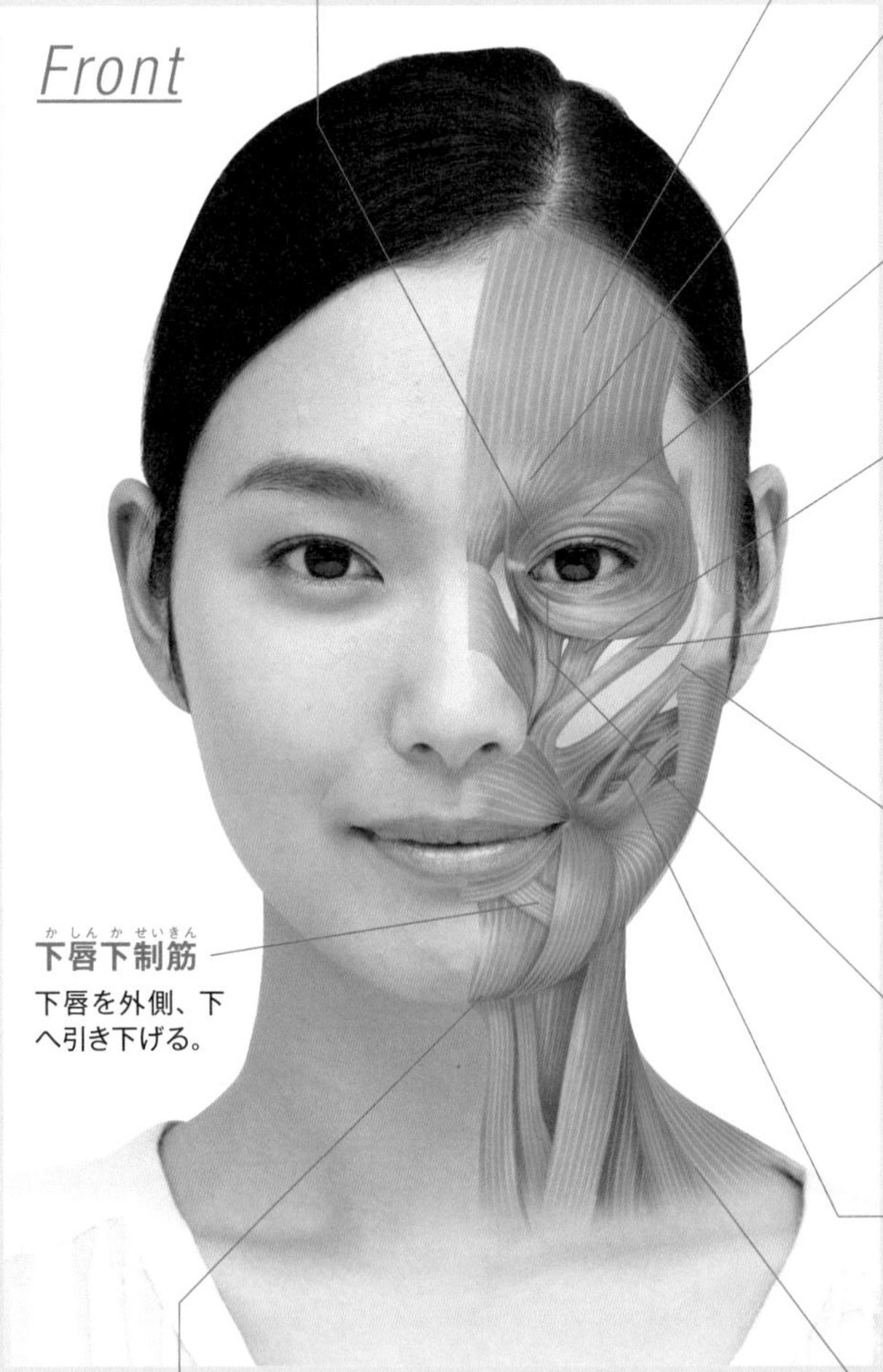

瞼板張筋《けんばんちょうきん》

まぶたを上げて、眼を開く働きがある。

前頭筋《ぜんとうきん》

眉まわりの皮膚を引っ張る、おでこの横じわをつくる。

皺眉筋《すうびきん》

眉を内側に引き寄せる、眉間に縦じわをつくる。

上眼瞼部《じょうがんけんぶ》

上眼瞼挙筋《じょうがんけんきょきん》

上まぶた。目の開閉に働く。

上唇挙筋《じょうしんきょきん》

上唇を引き上げる働きを持つ。

小頬骨筋《しょうきょうこつきん》

上唇を引き上げる働きを持つ。笑顔をつくる。

大頬骨筋《だいきょうこつきん》

口角を上、外側へ引く。笑顔をつくる。

下眼瞼部《かがんけんぶ》

下眼瞼挙筋《かがんけんきょきん》

下まぶた。目の開閉に働く。

頬筋《きょうきん》

口角を外側へ引く。

下唇下制筋《かしんかせいきん》

下唇を外側、下へ引き下げる。

オトガイ筋《きん》

下あごの先の皮膚を引き上げる。

オトガイ横筋《おうきん》

左右のオトガイ部の下を横に走る筋束。オトガイ部の皮膚にしわを寄せる。

僧帽筋《そうぼうきん》

首のつけ根から背中まで広がる。腕を上げる働きをする。

眼輪筋《がんりんきん》

眼を囲むようついている筋。上下のまぶたを引き寄せ、目を閉じる働きがある。

眼《がん》窩《か》縁《えん》

眼球の収まる頭蓋骨のくぼみを囲んでいる。

鼻《び》筋《きん》

鼻を縮めたり、広げたりする。

口角挙筋《こうかくきょきん》

上あごに近いところにある筋。口角を引き上げる。

口輪筋《こうりんきん》

口のまわりにある筋。下唇を外側、下へ引き下げる。

咬筋《こうきん》

下あごを閉じる動きに働く。噛む、会話、歯を食いしばるときに作用する。

顎舌骨筋《がくぜつこつきん》

下あごを引く働きがある。

顎《がく》二《に》腹筋《ふくきん》

下あごを引き下げる。

側頭筋《そくとうきん》

下あごを閉じる動きに働く。噛む、会話、歯を食いしばるときに作用する。

後頭筋《こうとうきん》（後頭《こうとう》下《か》筋群《きんぐん》）

首の上部を伸展させたり、横に曲げたりする働きがある。

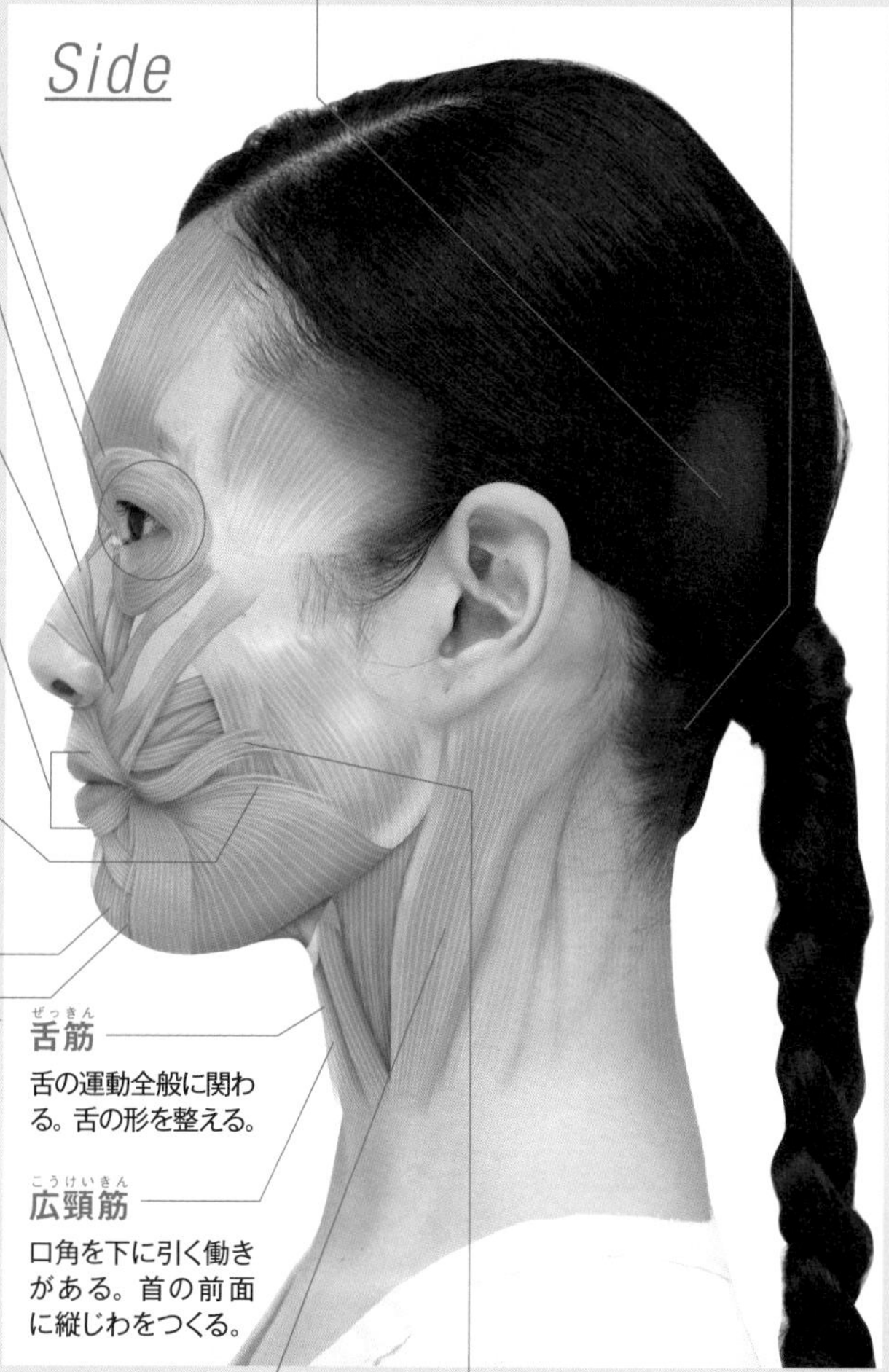

舌筋《ぜっきん》

舌の運動全般に関わる。舌の形を整える。

広頸筋《こうけいきん》

口角を下に引く働きがある。首の前面に縦じわをつくる。

胸《きょう》鎖《さ》乳突筋《にゅうとつきん》

首を横にひねる、頭部を安定させる働きに作用する。

翼突筋《よくとつきん》
（内側翼突筋《ないそくよくとつきん》　外側翼突筋《がいそくよくとつきん》）

噛む、あごを前に出す働きがある。

Basic

#1 顔全体の筋肉を動かす❶

まずは、表情筋がもっとも集まっている口もとを動かして、固まっている筋肉をほぐしましょう。

（20秒×3セット）

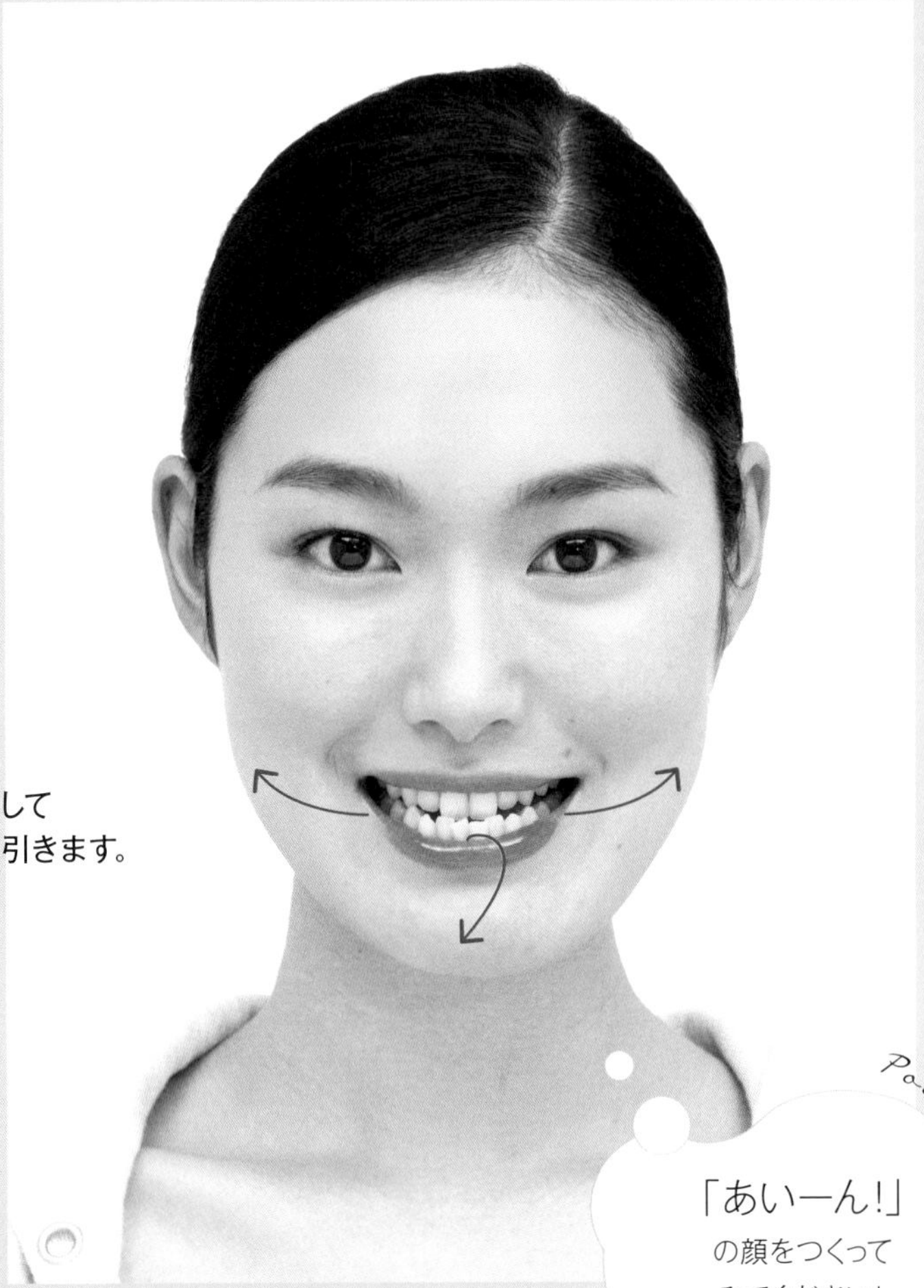

1

受け口にして
唇を横に引きます。

➡5秒

Point

「あいーん!」
の顔をつくって
みてください!

#1 Basic Training

2

口を閉じます。

➡5秒

3

アルファベットの「O」の
口にします。

➡5秒

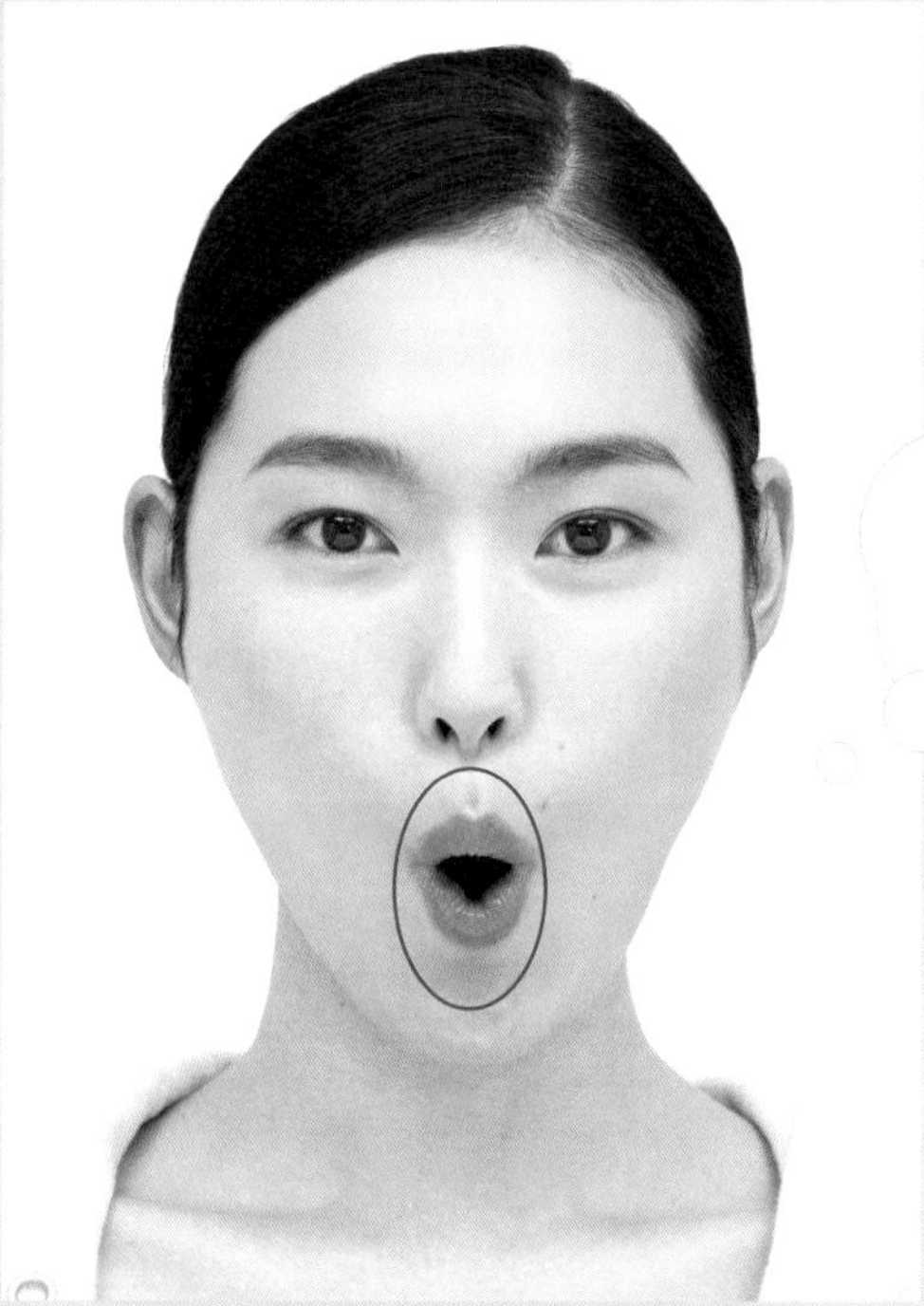

Point

ムンクの「叫び」
の絵のような顔を
つくってみてください!

4

口を閉じます。

➡5秒

Basic

#2 顔全体の筋肉を動かす❷

しわのできやすい目もとと、
口もとの筋肉をほぐしましょう。

（20秒×3セット）

1

目を閉じて寄り目にしながら、
同時に頬の空気を抜きます。

➡5秒

Point

目を絞り込むときは、
目を閉じてから寄り目に
してみましょう
（コンタクトレンズをしている方は
裸眼のときに行ってください）。

2

もとの顔に戻します。

➡5秒

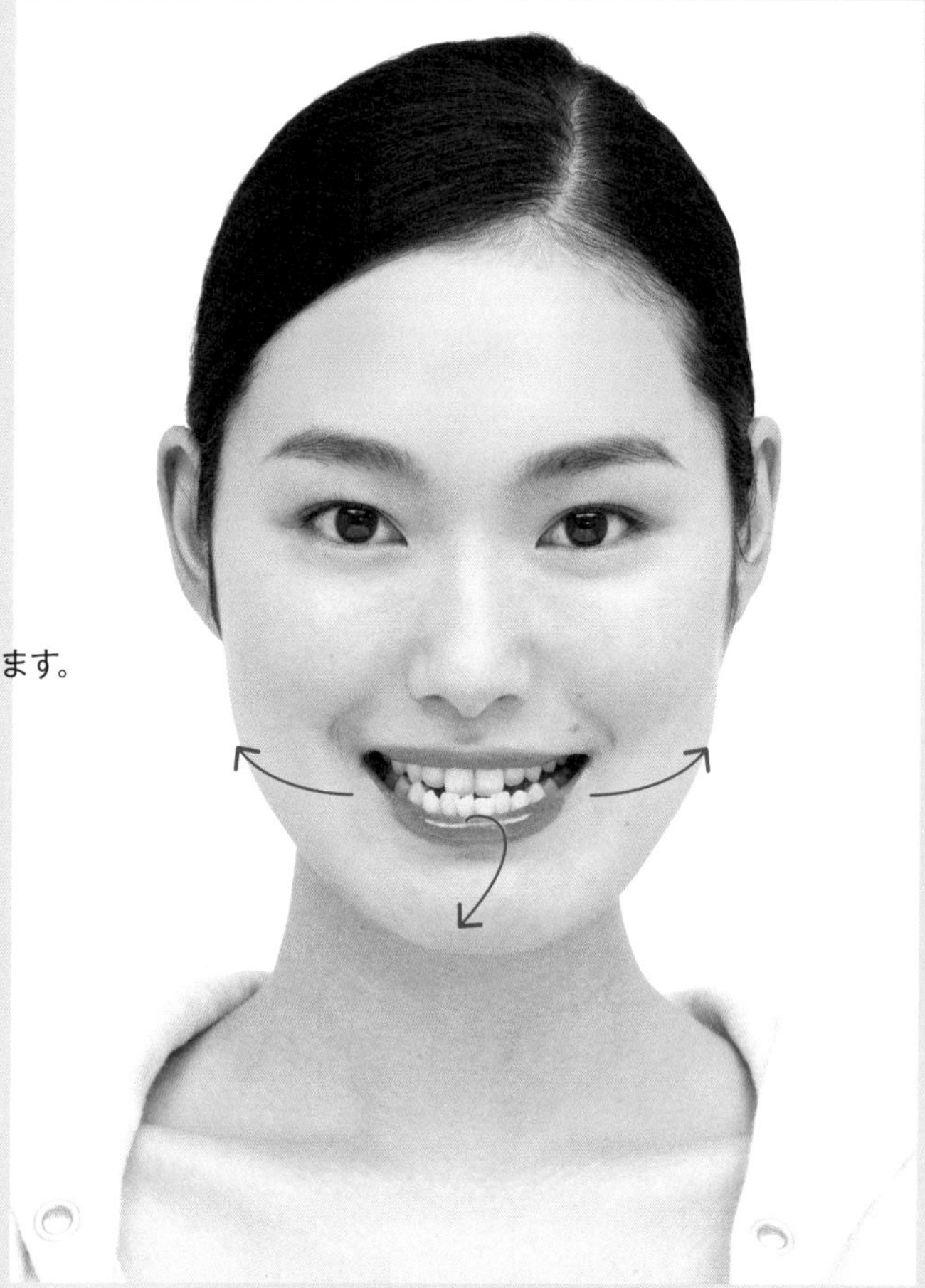

3

受け口にして
唇を横に引きます。

➡5秒

4

もとの顔に戻します。

➡5秒

Basic

#3 顔全体の筋肉を動かす❸

慣れてきたら、口まわりの筋肉を
左右に動かします。

（30秒×2セット）

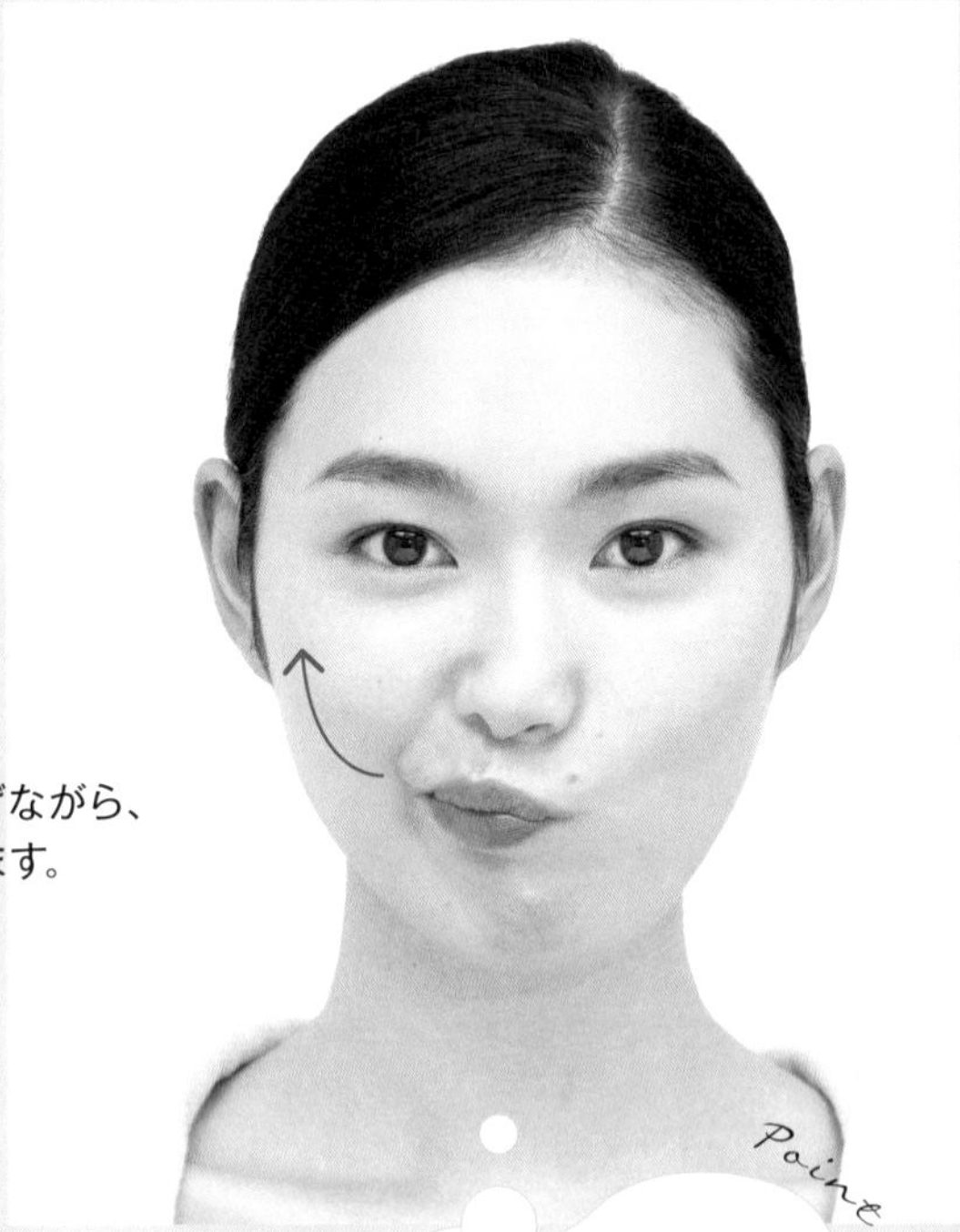

1

口角を右に引き上げながら、
頬も右に引き上げます。

➡5秒

Point

1と3は、
ひょっとこのような
顔をつくってみて
ください！

2

口をもとの位置に戻します。

➡5秒

#3 Basic Training

3

口角を左に
引き上げながら、
頬も左に
引き上げます。

➡ **5秒**

4

口をもとの位置に戻します。

➡ **5秒**

5

アルファベットの「O」の口にします。

➡5秒

#3 Basic Training

6

口を閉じてもとの位置に戻します。

➡5秒

Column

Before and After

case 2

Before

profile

Kさん　40代　女性

トレーニング内容

○表情筋トレ［基本］
顔全体の筋肉を動かす　#1～3

○表情筋トレ7～8
フェイスラインをケア❶～❷

○表情筋トレ9～10
おでこの横じわ、
目のまわりをケア❶～❷

○表情筋トレ14
口角アップ❷

After

（トレーニング期間 7weeks）

毎朝、メイク前に1回3セットを、鏡を見ながら行いました。最初は口の中のたるみがあることにビックリしました。顔を右に左に動かしたときに、口の中までたるんでいた！　ことに気づきました。はじめのうちは思うように顔の筋肉が動いてくれず、もどかしい日々が数日続きましたが、続けていくうちに職場の方に「首のあたりがスッキリしましたよね～」「痩せましたか？」と言われるようになり、自分も同じことを感じていたので、嬉しかったです。

PART

3

表情筋トレで

顔↑《アップ》20

表情筋トレ20

PART3では、実際のレッスンで、ご相談の多いパーツのお悩み解消を中心に、20種類の表情筋トレをご紹介します。いきなり全部を始める必要はありません。最初は簡単なトレーニング2～3種類から始めてください。早ければ2～3週間で効果が表れます。慣れてきたら、少しずつ種類を増やしていきましょう。

最高の効果を得るための5ポイント

1 いい姿勢で

トレーニングは、基本的に姿勢を正して集中的に行います。慣れてきたら、入浴中や歩行中などに「ながらトレ」もできます。

2 自分の顔をよく見る

背すじを伸ばし、顔の真正面に鏡を掲げます。そして、自分の顔をしっかり見ながら行います。慣れるまでは、顔を見ながらでないと、ほんとうに筋肉を動かせているかどうかがわかりません。慣れてきたら、鏡がなくてもできるようになります。

3 筋肉をゆっくり動かす

表情筋トレでは、ゆっくり時間をかけて顔の筋肉を動かします。簡単な動きでも、あえて3～5秒をかけて行います。

Facial Muscle Training

4　簡単なトレーニングから始める

いきなり難しい動きに挑戦しても、はじめての方は動かすのが難しいかもしれません。動かしているつもりでも、鏡を見れば動いていないことがわかるはずです。最初は簡単なトレーニングから始めて、できるようになったら少しずつ増やしていきましょう。

5　一日１分、毎日、続ける

何より大切なのは、短時間でもいいから、続けることです。一日1分、毎日、続ければ、必ず効果が表れます。

表情筋トレ20

解消したいパーツから始める

◎各パーツで気になっているところを❶から始め、慣れたら❷、❸と順に行います。気になるパーツを一つずつ組み合わせても OK です。

◎一日1回、パーツごとのセット数を行ってください。

応用トレ

トレーニング A

11 ← 9 ← 7 ← 4 ← 1

トレーニング B

12 ← 10 ← 8 ← 5 ← 2

Facial Muscle Training

各パーツを組み合わせる 応用トレ

◎各パーツを組み合わせた1セット10分のトレーニング。各パーツ20のトレーニングで顔が動くようになってきたら、顔全体を上げる応用編Aを行ってください。10分程で表情筋をまんべんなく動かします。さらに強化したい方は応用編Bを行います。

19 ← 18 ← 17 ← 16 ← 13 ←

20 ← 18 ← 17 ← 16 ← 14 ←

Training

ほうれい線をケア❶

ほうれい線は、頬のたるみが出ることにより深くなっていきます。舌で口のまわりや目から口につながる筋肉を鍛えることで、たるみの予防・改善につなげます。

1周3秒
30秒×2セット

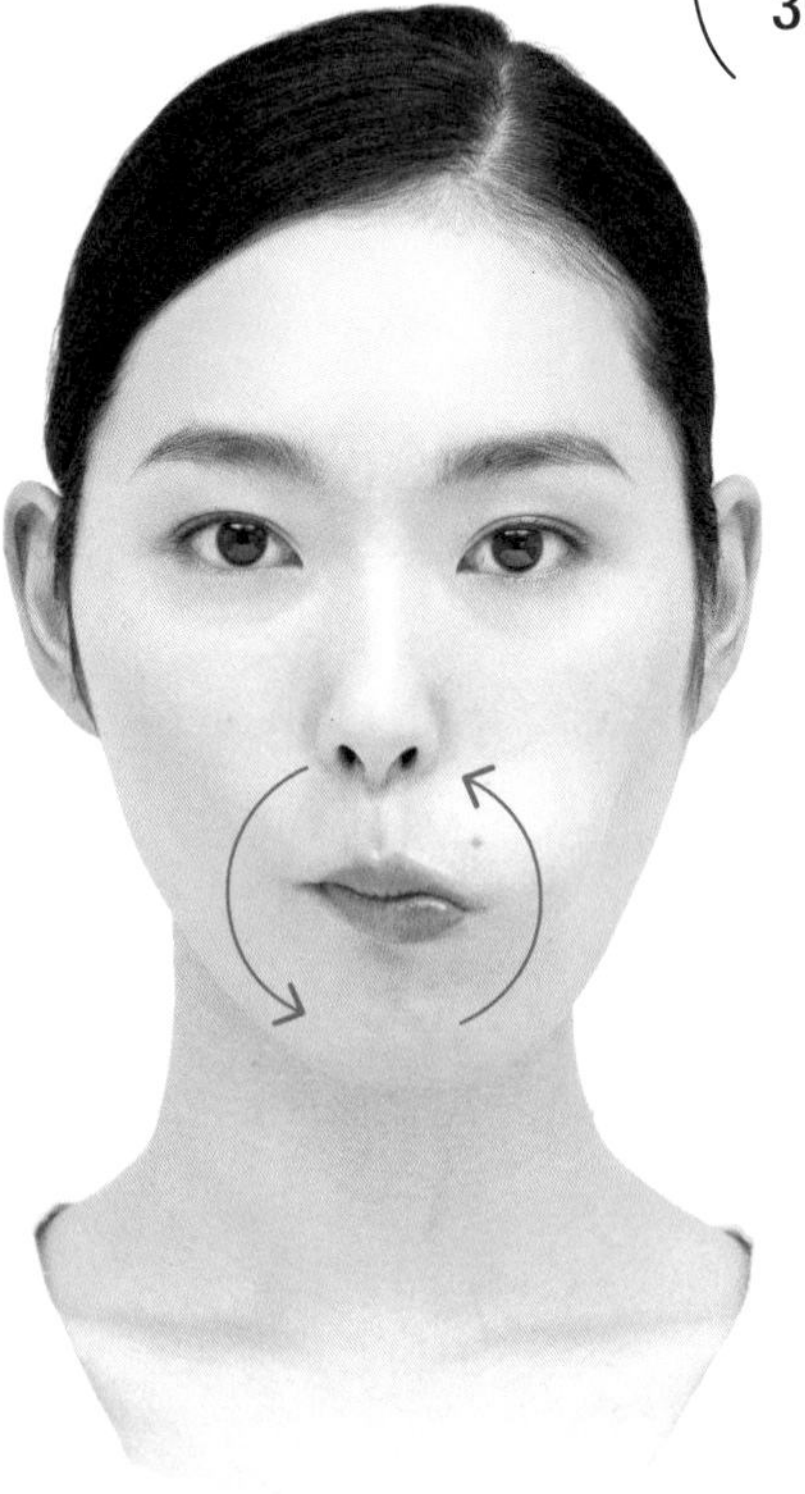

1

口を閉じたまま、舌先を鼻の下にある歯と唇の間におきます。舌でほうれい線を口の中からなぞるように、右回りで円を描きながらゆっくり動かします。

➡10周

○ **使う主な筋肉**

上唇挙筋《じょうしんきょきん》、顎舌骨筋《がくぜつこつきん》、顎《がく》二《に》腹筋《ふくきん》、舌筋《ぜっきん》

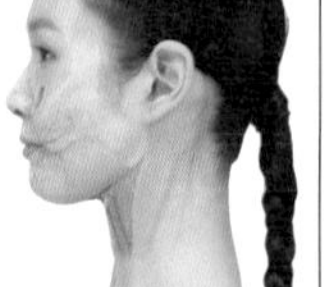

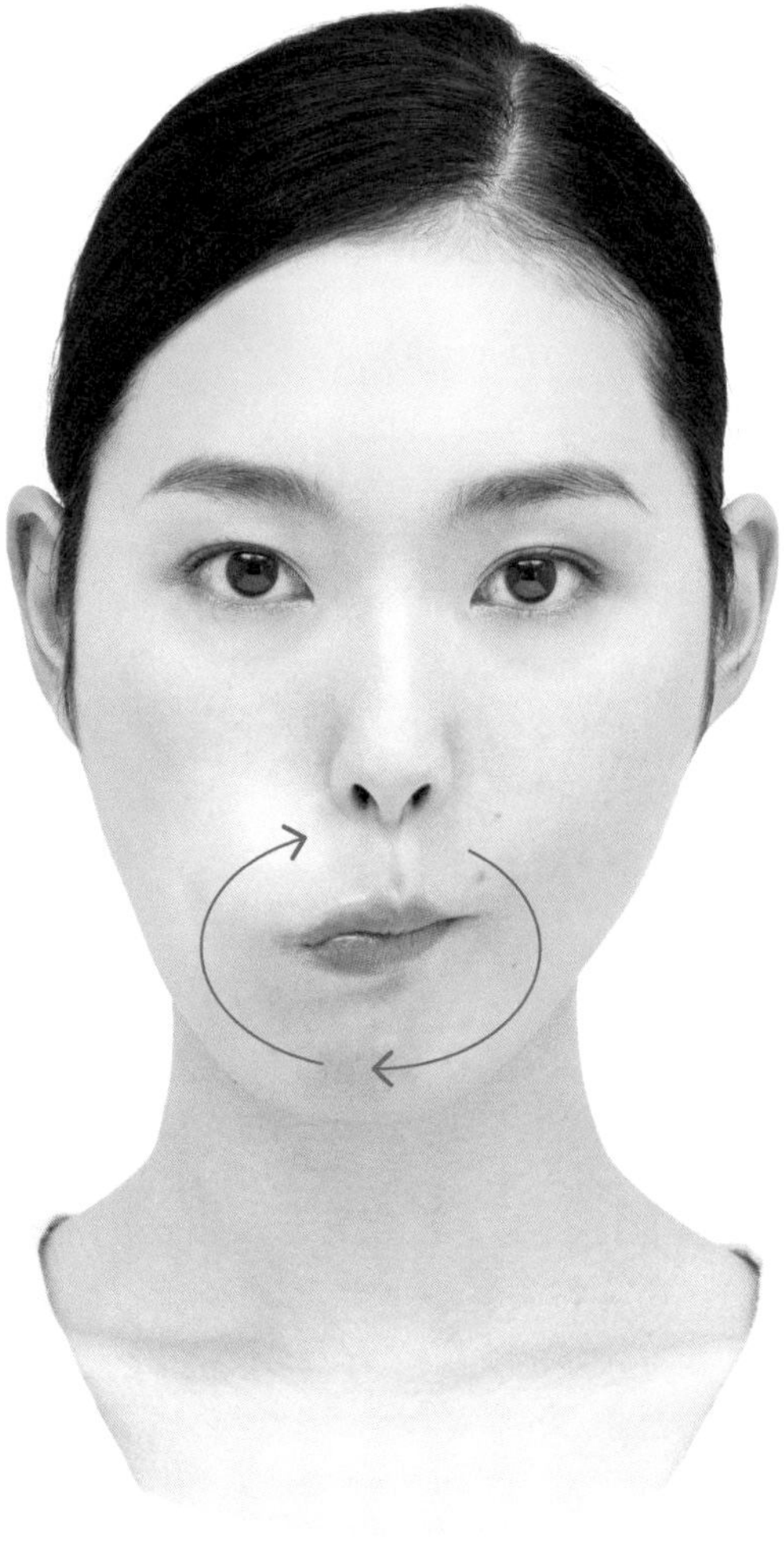

2

左回りも同様に、ゆっくり動かします。

➡ **10周**

Training

ほうれい線をケア❷

頬のたるみが影響するほうれい線は、頬の内側全体に空気を入れたり、口をアルファベットの「O」形にすることで、目から口につながる筋肉を鍛え、予防・改善につなげます。

25秒×2セット

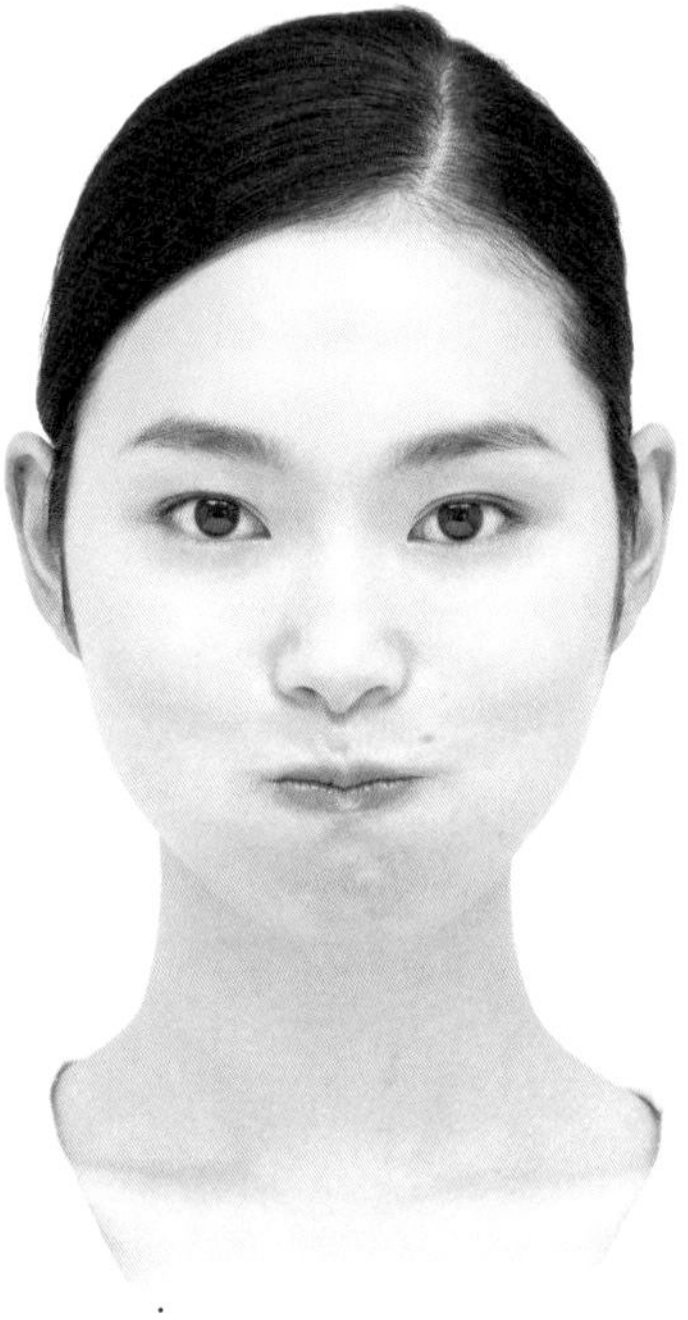

1

口の中をゆっくりふくらませます。

➡**5秒**

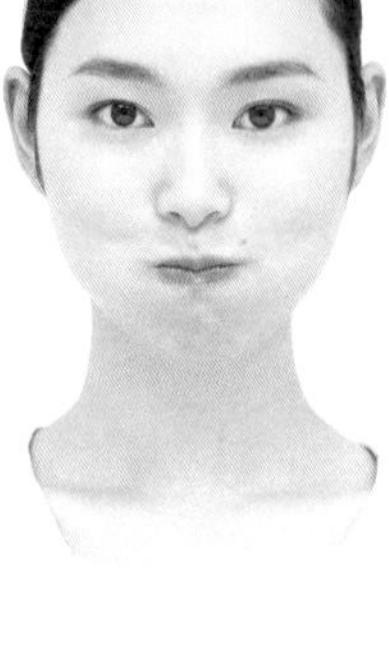

2

そのままキープ。

➡**5秒**

○ **使う主な筋肉**

上唇挙筋《じょうしんきょきん》

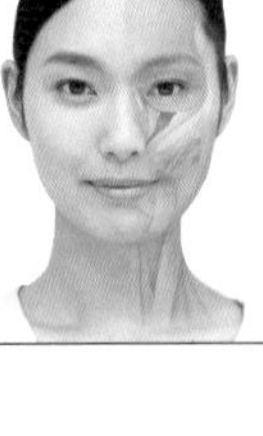

3

ゆっくり
アルファベットの
「O」の口にします。

➡5 秒

4

そのままキープ。

➡5 秒

5

口をゆっくり閉じて
もとの顔に戻します。

➡5 秒

表情筋
トレーニング
3

Training

ほうれい線をケア❸

「ほうれい線をケア❷」よりもさらに効果を上げます。鼻の下のみに空気を入れたり「O」の口にすることで、目の下から口につながる筋肉を鍛えます。

25秒×2セット

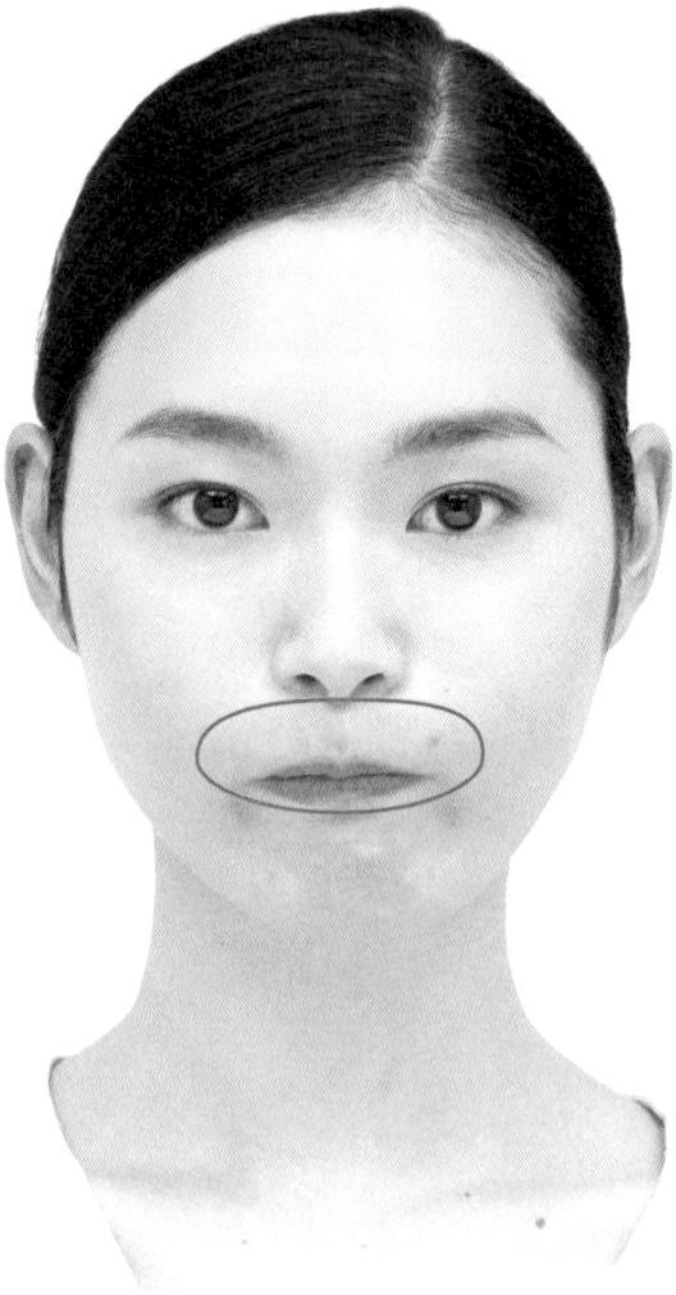

1

鼻の下をゆっくりふくらませます。

➡**5秒**

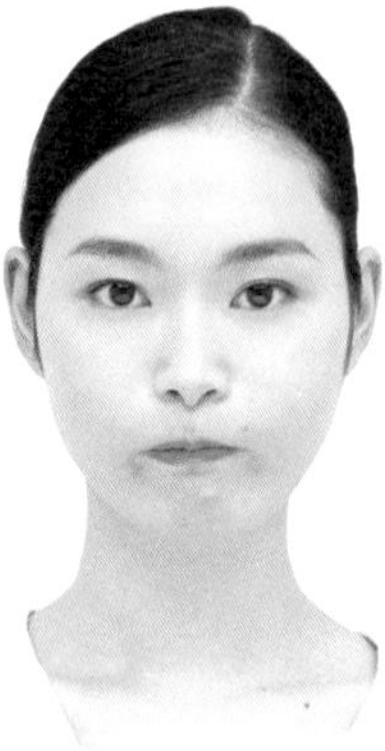

2

そのままキープ。

➡**5秒**

○ **使う主な筋肉**

上唇挙筋《じょうしんきょきん》

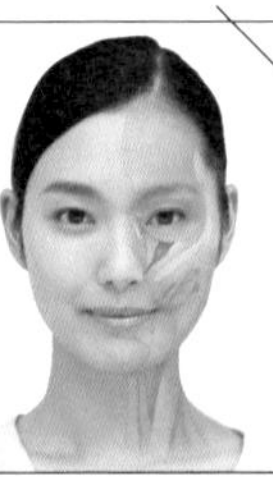

3

ゆっくり
アルファベットの
「O」の口にします。

→5秒

4

そのままキープ。

→5秒

5

口をゆっくり閉じて
もとの顔に戻します。

→5秒

Training

二重あごをケア❶

二重あごの原因は、皮下脂肪の蓄積やたるみです。舌を使って、あごや首まわりを鍛えましょう。

20秒×3セット

1

姿勢を正して鏡を持ち、
顔を上のほうへ向けます。

➡5秒

使う主な筋肉

顎舌骨筋《がくぜつこつきん》、
舌筋《ぜっきん》

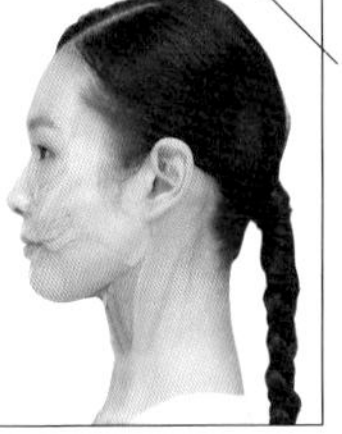

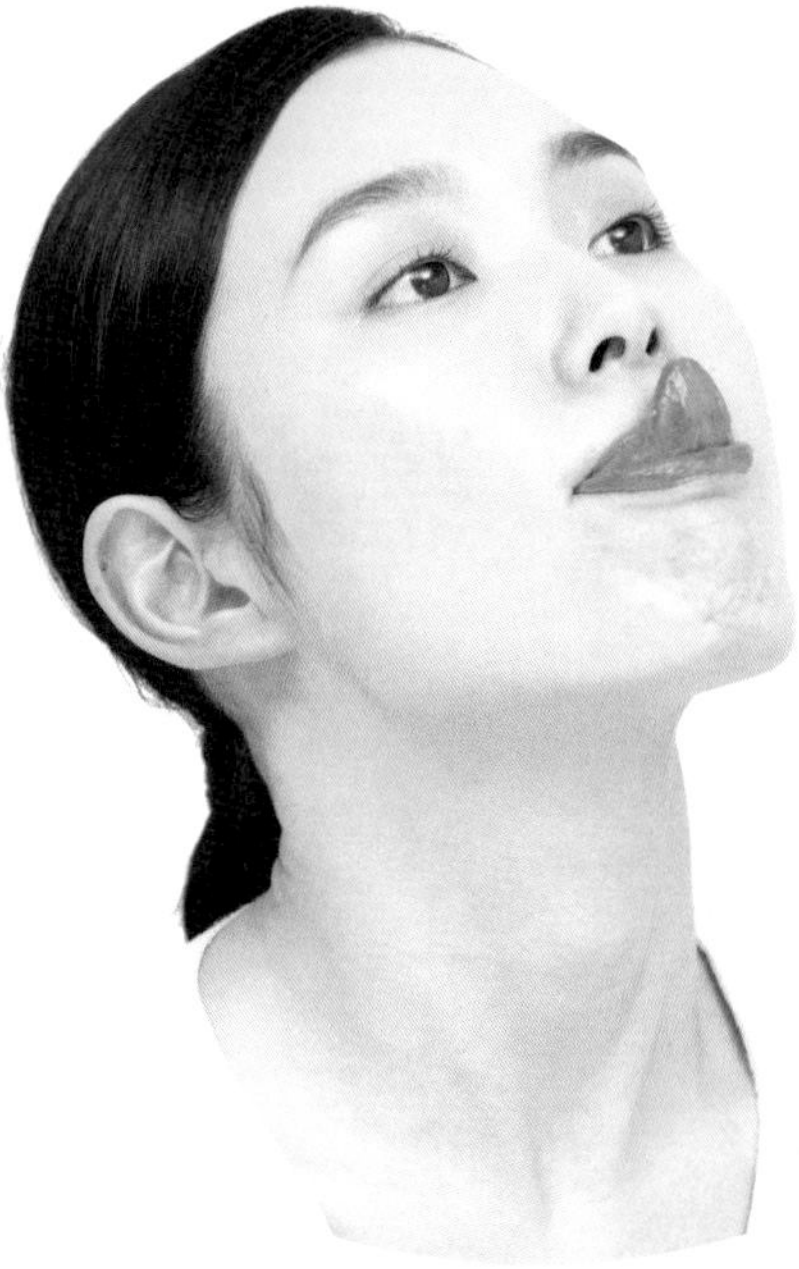

2

舌を真上に
出します。

➡5秒

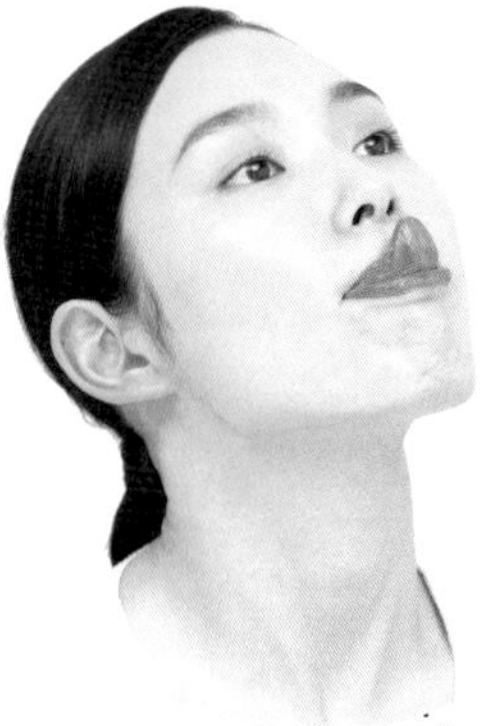

3

そのままキープ。

➡5秒

4

口を閉じながら、
ゆっくり顔をもとの
位置に戻します。

➡5秒

Training

二重あごをケア❷

二重あごの原因は、皮下脂肪の蓄積やたるみです。「二重あごをケア❶」よりもまんべんなく、舌を使って、右から左からあごや首まわりを鍛えます。

35秒×2セット

1

姿勢を正して鏡を持ち、顔を上のほうへ向けます。

➡5秒

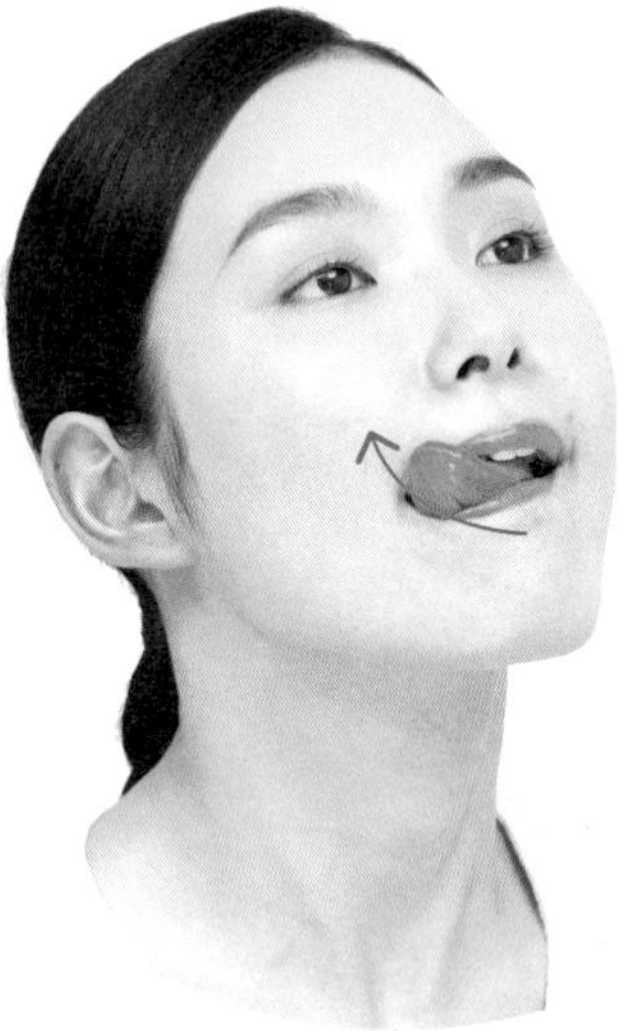

2

舌を右上に出します。

➡5秒

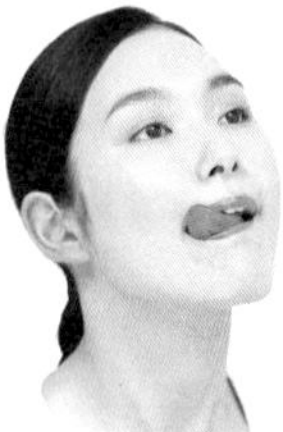

3

そのままキープ。

➡5秒

○ **使う主な筋肉**

顎舌骨筋《がくぜつこつきん》、
舌筋《ぜっきん》

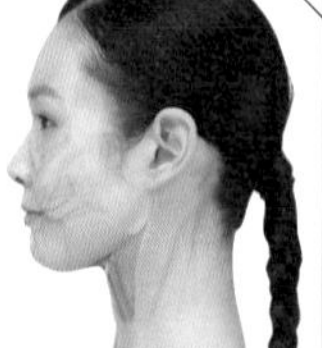

4

舌をもとの位置に戻します。

➡5秒

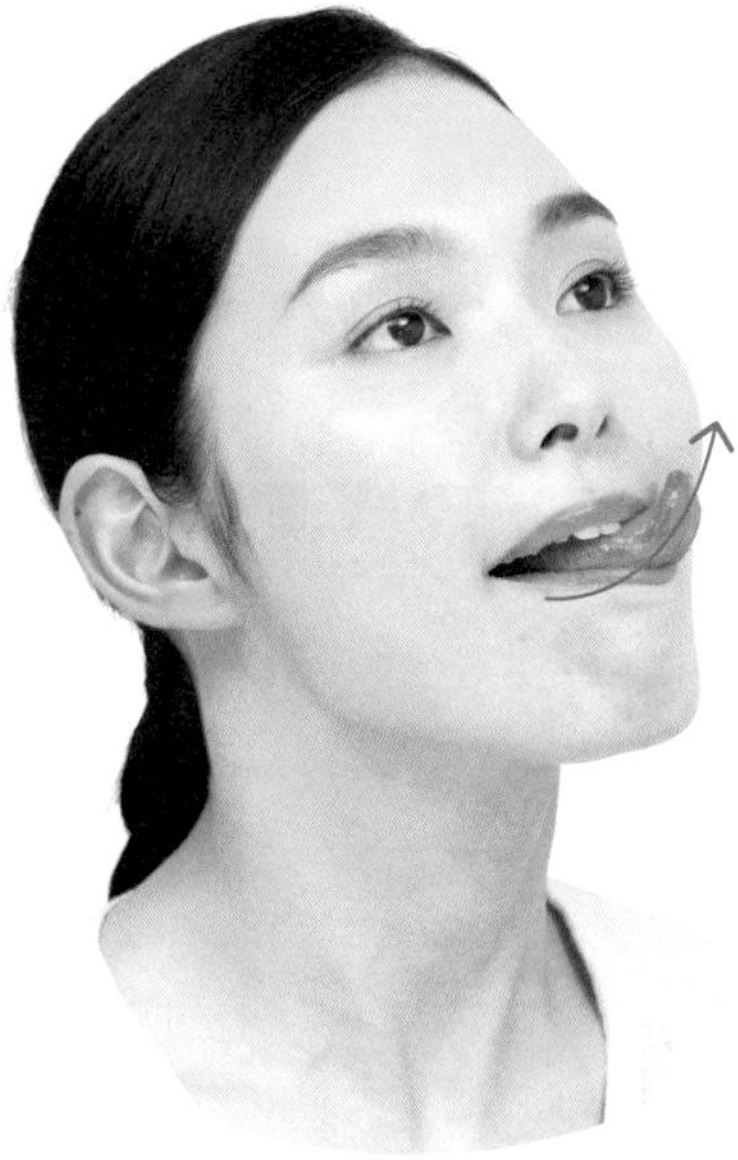

5

舌を左上に出します。

➡5秒

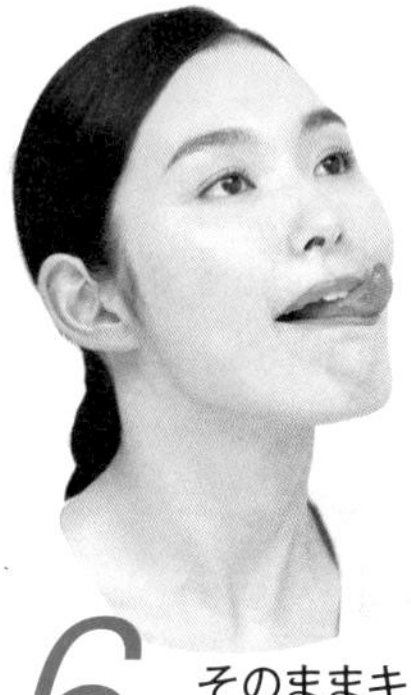

6

そのままキープ。

➡5秒

7

口を閉じながら、
ゆっくり顔をもとの
位置に戻します。

➡5秒

表情筋

トレーニング
6

Training

二重あごをケア❸

あごにある梅干しのしわのようなところをオトガイ筋と呼びます。オトガイ筋がたるんでくると、二重あごにつながります。オトガイ筋もしっかり鍛えて、予防・改善につなげましょう。

20秒×3セット

1

姿勢を正して鏡を持ち、
顔を上のほうへ向けます。

➡**5秒**

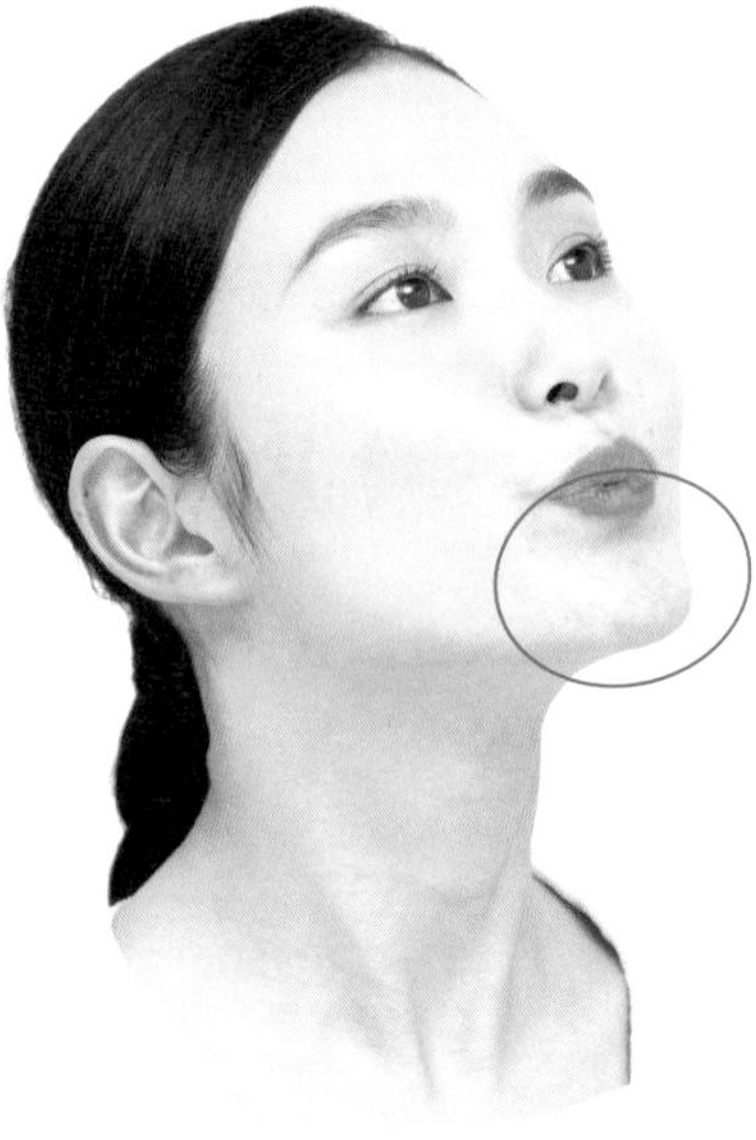

2

唇をとがらせながら、
あご先に力を入れます。

➡**5秒**

使う主な筋肉

オトガイ筋《きん》、
顎舌骨筋《がくぜつこつきん》

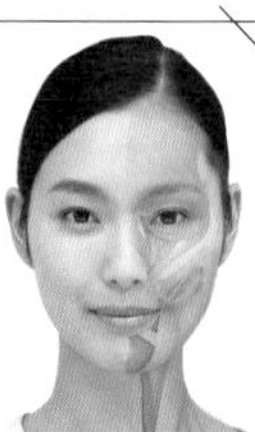

3

そのままキープ。

➡5秒

4

口を閉じながら、
ゆっくり顔をもとの位置に
戻します。

➡5秒

表情筋
トレーニング
7

Training

フェイスラインをケア❶

フェイスラインのたるみは、あごから頬にかけての輪郭部分の表情筋のゆるみや衰えからきます。顎二腹筋を鍛えてラインをシャープにします。

20秒×3セット

1

姿勢を正して鏡を持ち、
顔を上のほうへ向けます。

➡**5秒**

○ **使う主な筋肉**

顎《がく》二《に》腹筋《ふくきん》

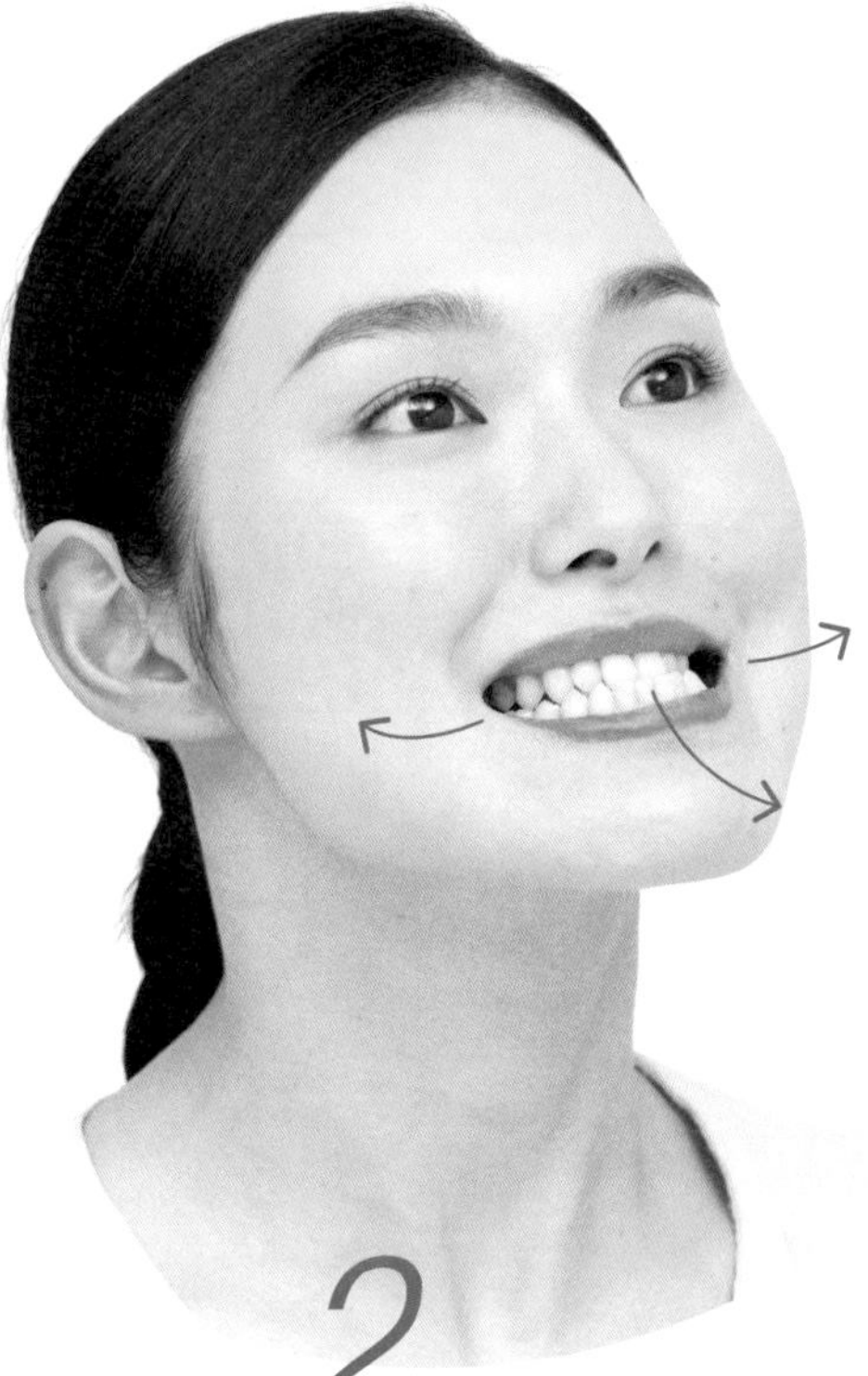

2

受け口にして、唇を横に引きます。

➡5秒

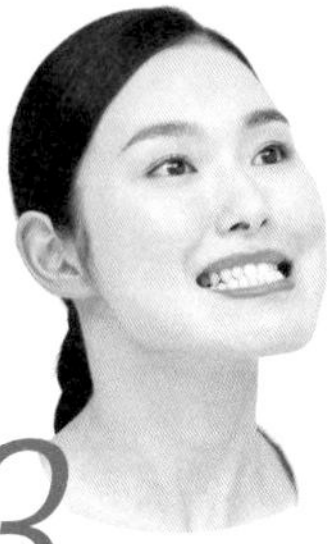

3

そのままキープ。

➡5秒

4

口を閉じながら、
ゆっくり顔をもとの
位置に戻します。

➡5秒

表情筋
トレーニング
8

Training

フェイスラインをケア❷

「フェイスラインをケア❶」よりも、さらにあごに近いところのたるみや顔全体のラインを鍛えて、シャープにしてすっきりさせます。

20秒×3セット

1

姿勢を正して鏡を持ち、
顔を上のほうへ向けます。

➡5秒

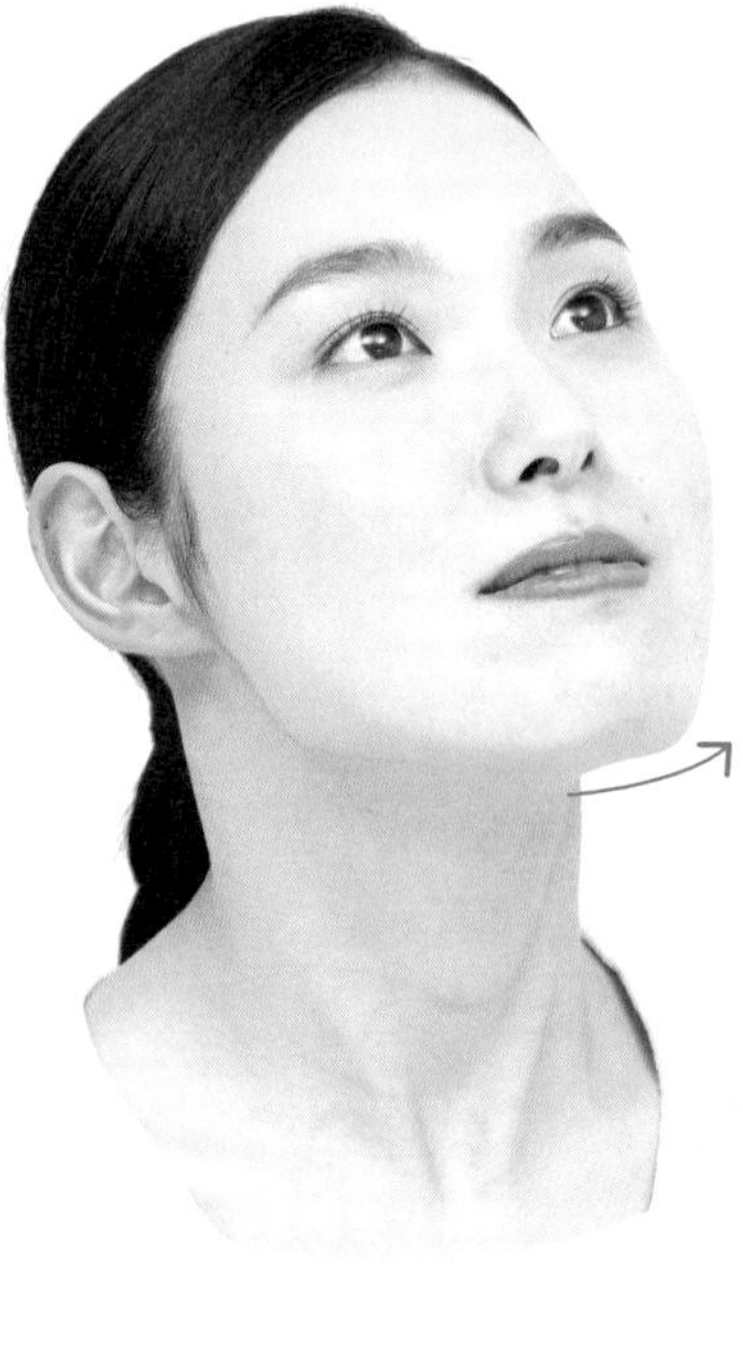

2

下あごを上に出します。

➡5秒

使う主な筋肉

顎《がく》二《に》腹筋《ふくきん》

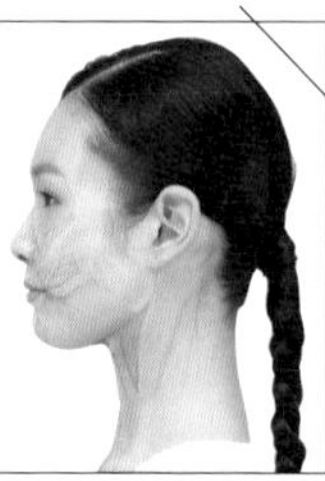

3

そのままキープ。

➡5秒

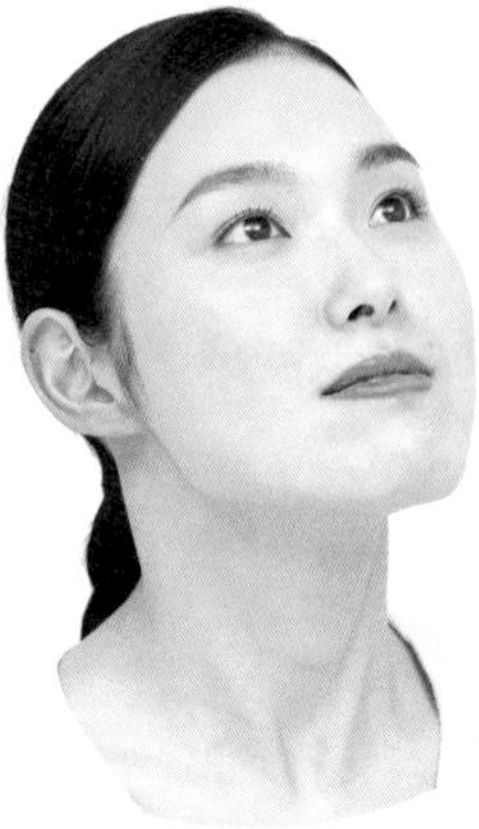

4

下あごを戻し、
ゆっくり顔をもとの
位置に戻します。

➡5秒

表情筋

トレーニング
9

Training

おでこの横じわ、目のまわりをケア❶

おでこのしわは、加齢による肌の弾力が低下することが原因です。それに伴い、おでこのたるみも出てきてしまうと、上まぶたもたるみやすくなります。目のまわりを鍛えて、予防・改善につなげます。

15秒×4セット

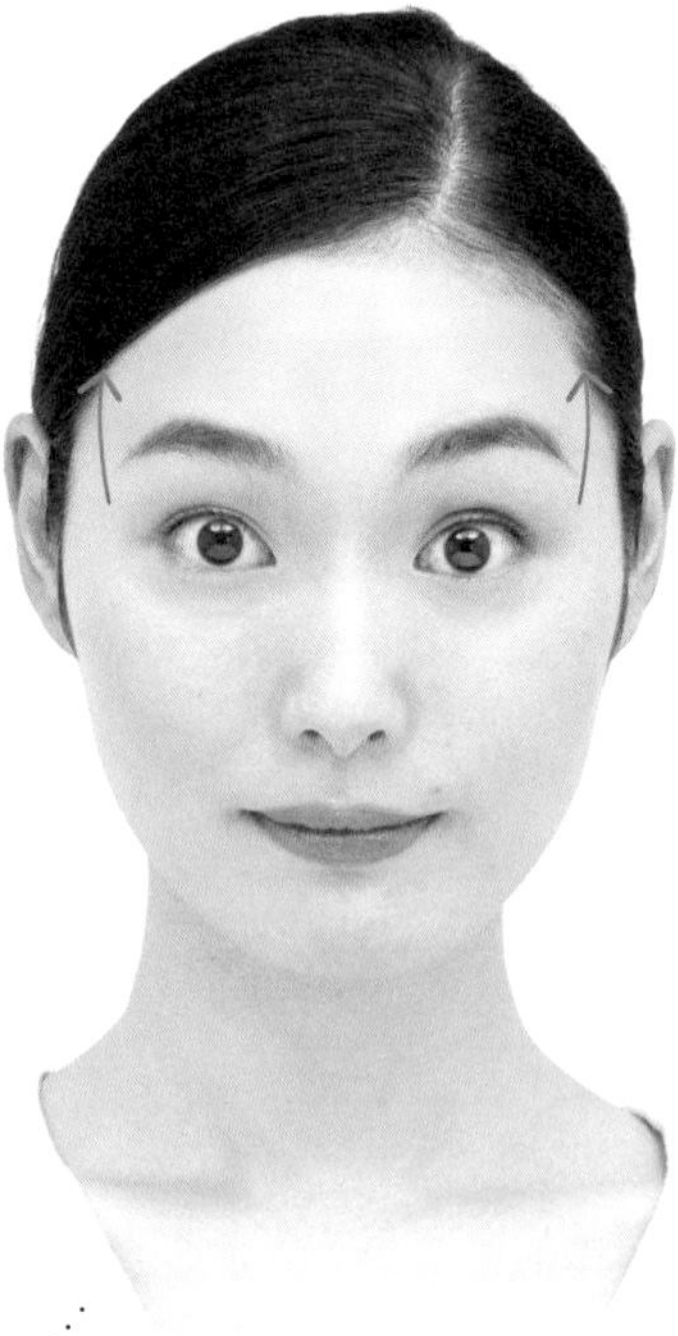

1

目を見開きながら、
眉を引き上げます。

5秒

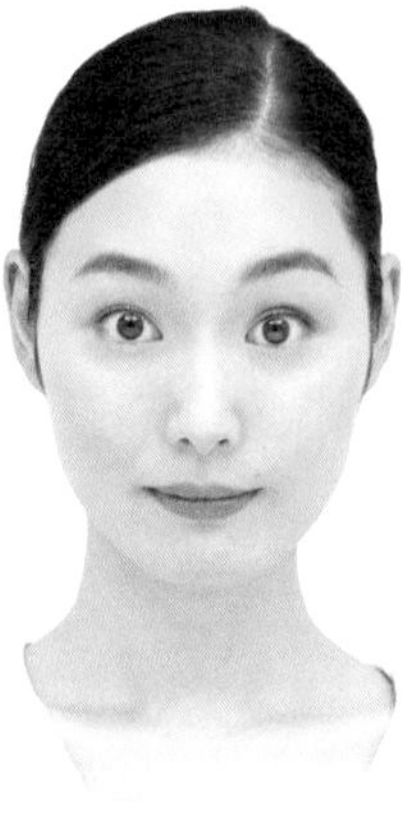

2

そのままキープ。

5秒

使う主な筋肉

前頭筋《ぜんとうきん》、後頭筋《こうとうきん》、
眼輪筋《がんりんきん》、
上眼瞼《じょうがんけん》部《ぶ》

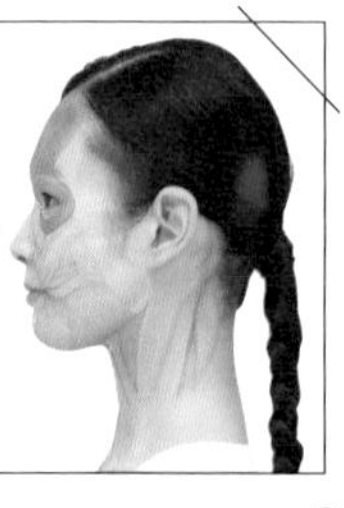

9 おでこの横じわ、目のまわり❶

3 目と眉をもとの位置に戻します。

➡5秒

Training

おでこの横じわ、目のまわりをケア❷

目を閉じることで、ケア❶よりもさらに効果的に鍛えることができます。
眉を上げたまま、目をしっかり閉じることがポイントです。

25秒×2セット

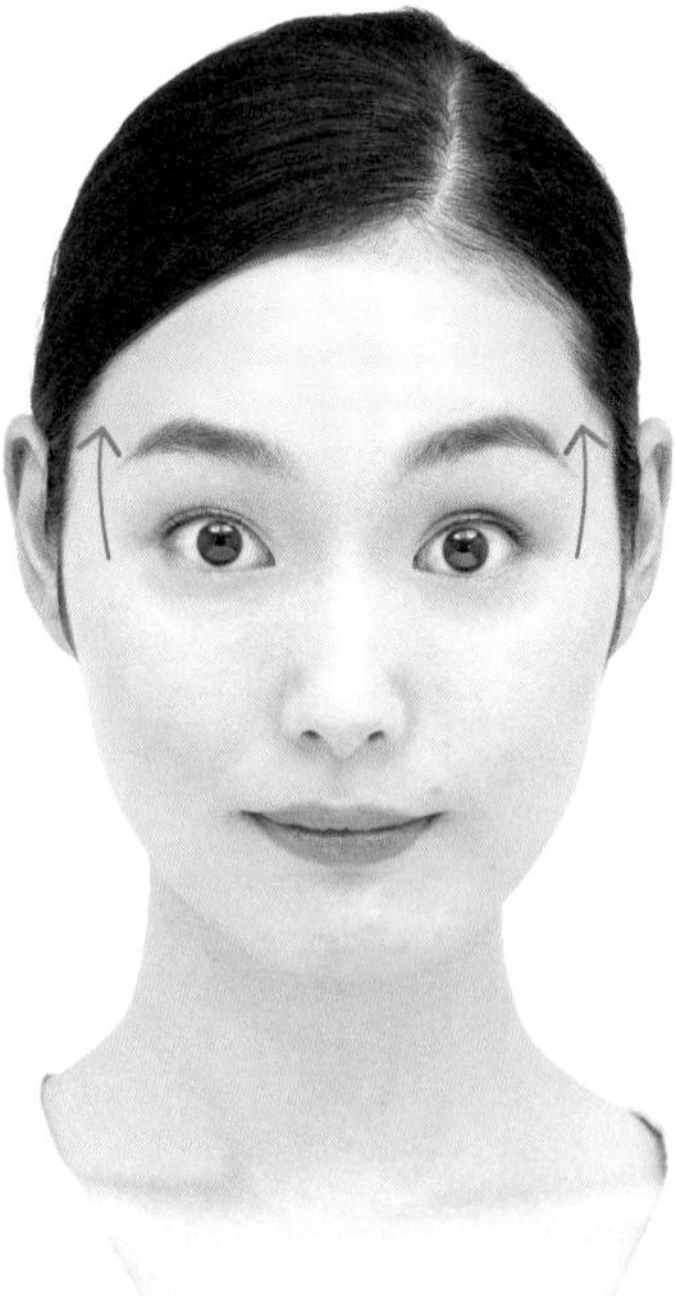

1

目を見開きながら、
眉を引き上げます。

➡5秒

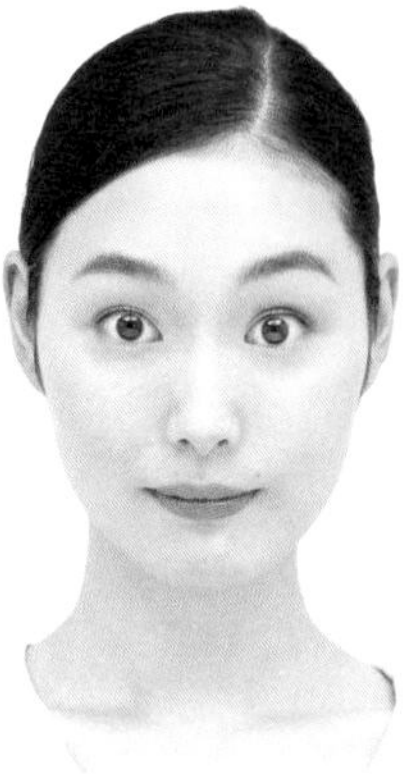

2

そのままキープ。

➡5秒

○ 使う主な筋肉

前頭筋《ぜんとうきん》、後頭筋《こうとうきん》、
眼輪筋《がんりんきん》、
上眼瞼部《じょうがんけんぶ》

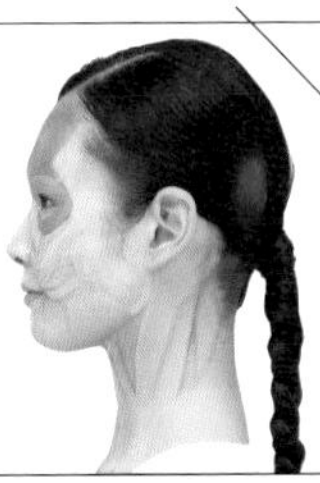

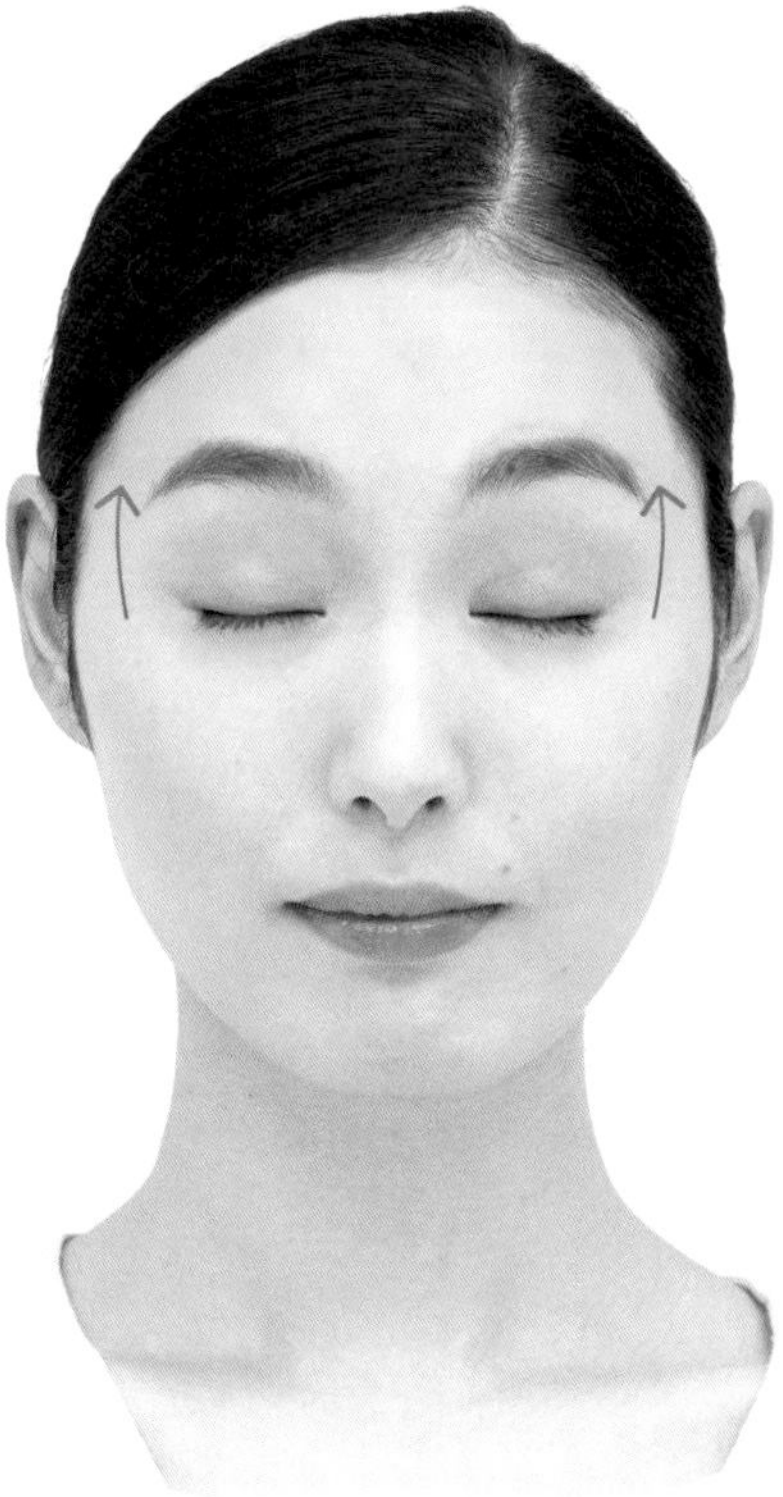

3

眉を上げたまま、
目を閉じます。

➡5秒

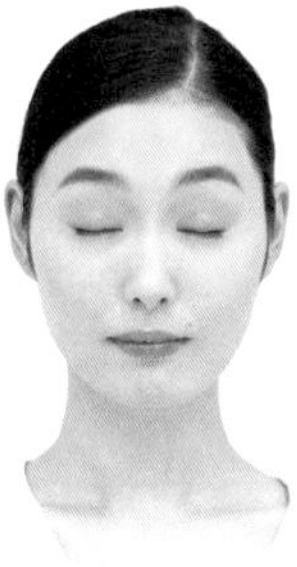

4

そのままキープ。

➡5秒

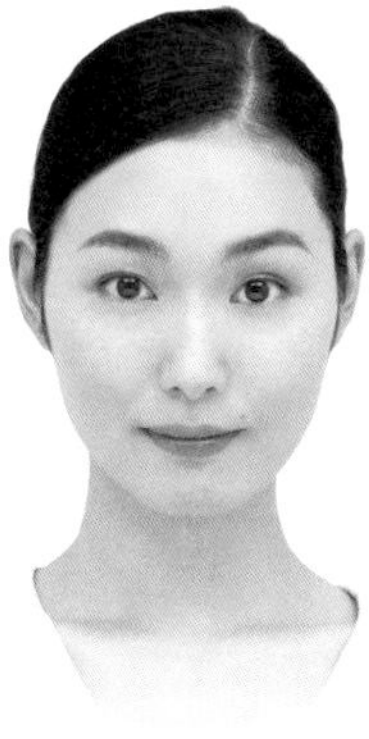

5

目と眉を、もとの
位置に戻します。

➡5秒

表情筋
トレーニング
11

Training

頬のたるみをケア❶

顔の面積の多くの部分を占めている頬は、加齢や重力、姿勢によってもたるんできます。頬全体の筋肉をしっかり使って予防・改善につなげます。

20秒×3セット

1

口の中をふくらませます。

➡**5秒**

○ 使う主な筋肉

頬筋《きょうきん》

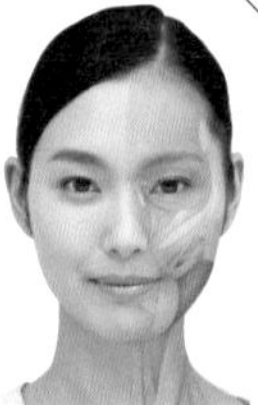

2 空気を吐きながら、もとに戻します。

➡5秒

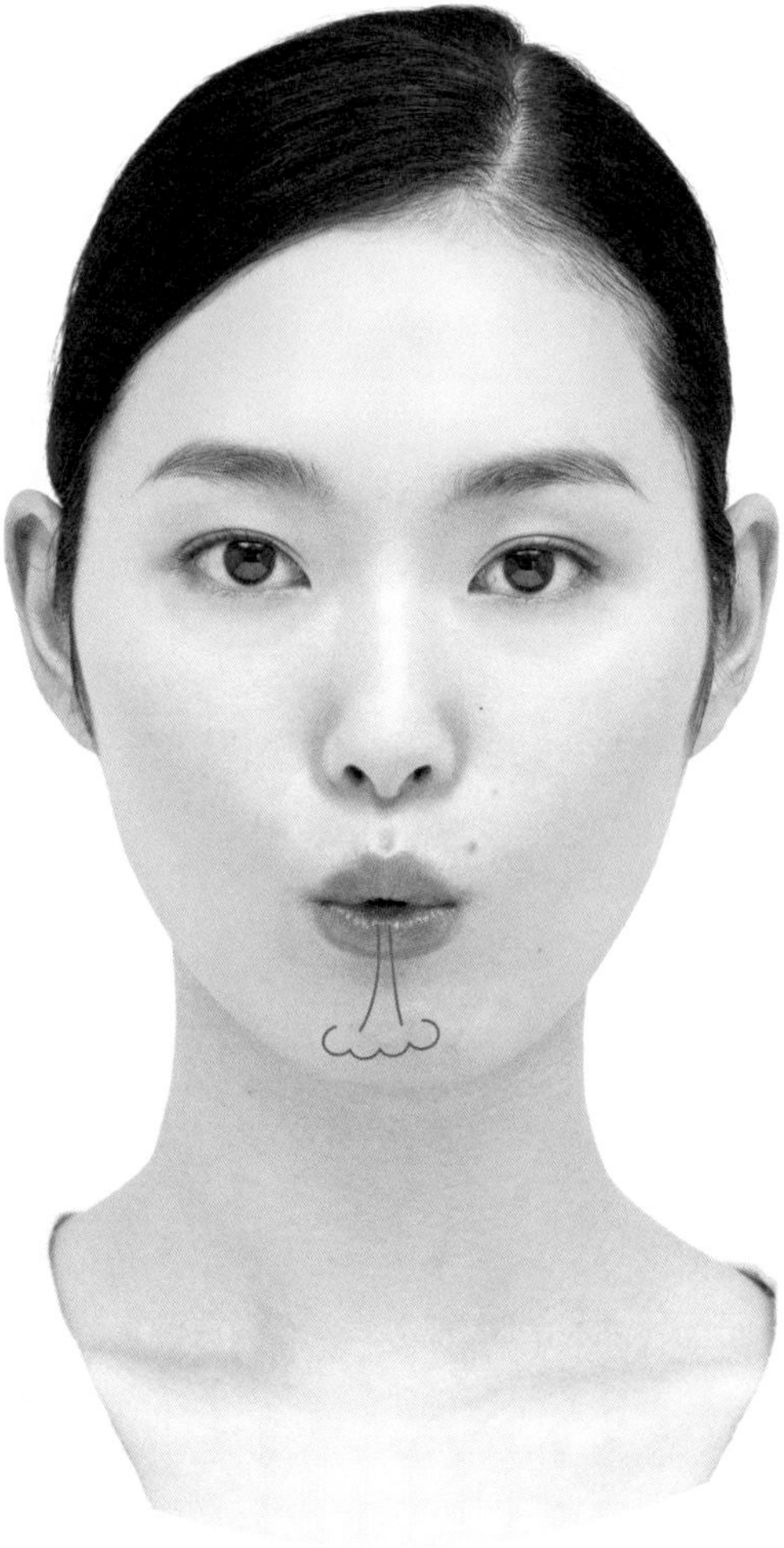

3 1、2を繰り返します。

Training

頬のたるみをケア❷

「頬のたるみをケア❶」に慣れてきたら、セットでトレーニングしてみてください。さらに頬を引き上げるための予防・改善につながります。

30秒×2セット

1

頬の内側の空気を抜きます。

➡5秒

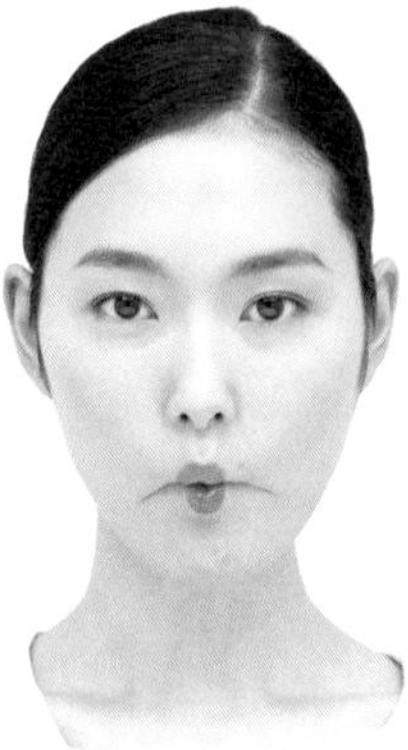

2

そのままキープ。

➡5秒

使う主な筋肉

頬筋《きょうきん》

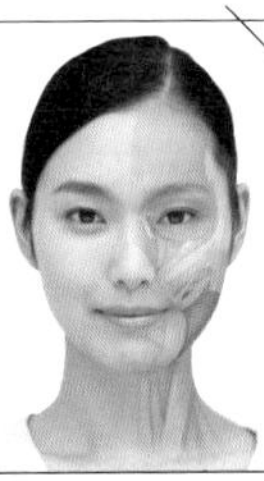

3 口をもとの位置に戻します。

➡ **5 秒**

4 1～3を繰り返します。

➡ **15 秒**

Training

表情筋

トレーニング
13

口角アップ❶

最近では、パソコンやスマートフォンを長時間見ることで重力の影響も重なり、若い方でも口角が下がり気味です。口のまわりの筋肉をしっかり鍛えて、予防・改善につなげます。

25秒×2セット

1

口角を上げて、
笑顔をつくります。

➡5秒

2

そのままキープ。

➡5秒

○ 使う主な筋肉

口輪筋《こうりんきん》

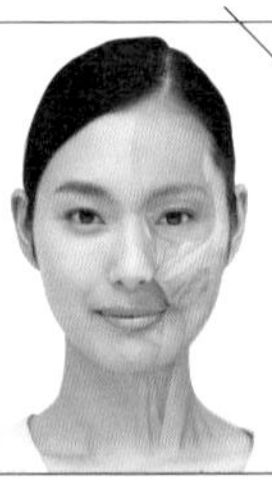

3

口をとがらせて、
前に突き出します。

➡5秒

4

そのままキープ。

➡5秒

5

口をもとの
位置に戻します。

➡5秒

表情筋

トレーニング
14

Training

口角アップ❷

割りばしを使うことで「口角アップ❶」より負荷をかけて、さらに口角を引き上げます。日常生活で下がりやすい口角が自然に上がりやすくなります。

（25秒＋10秒
＋25秒）

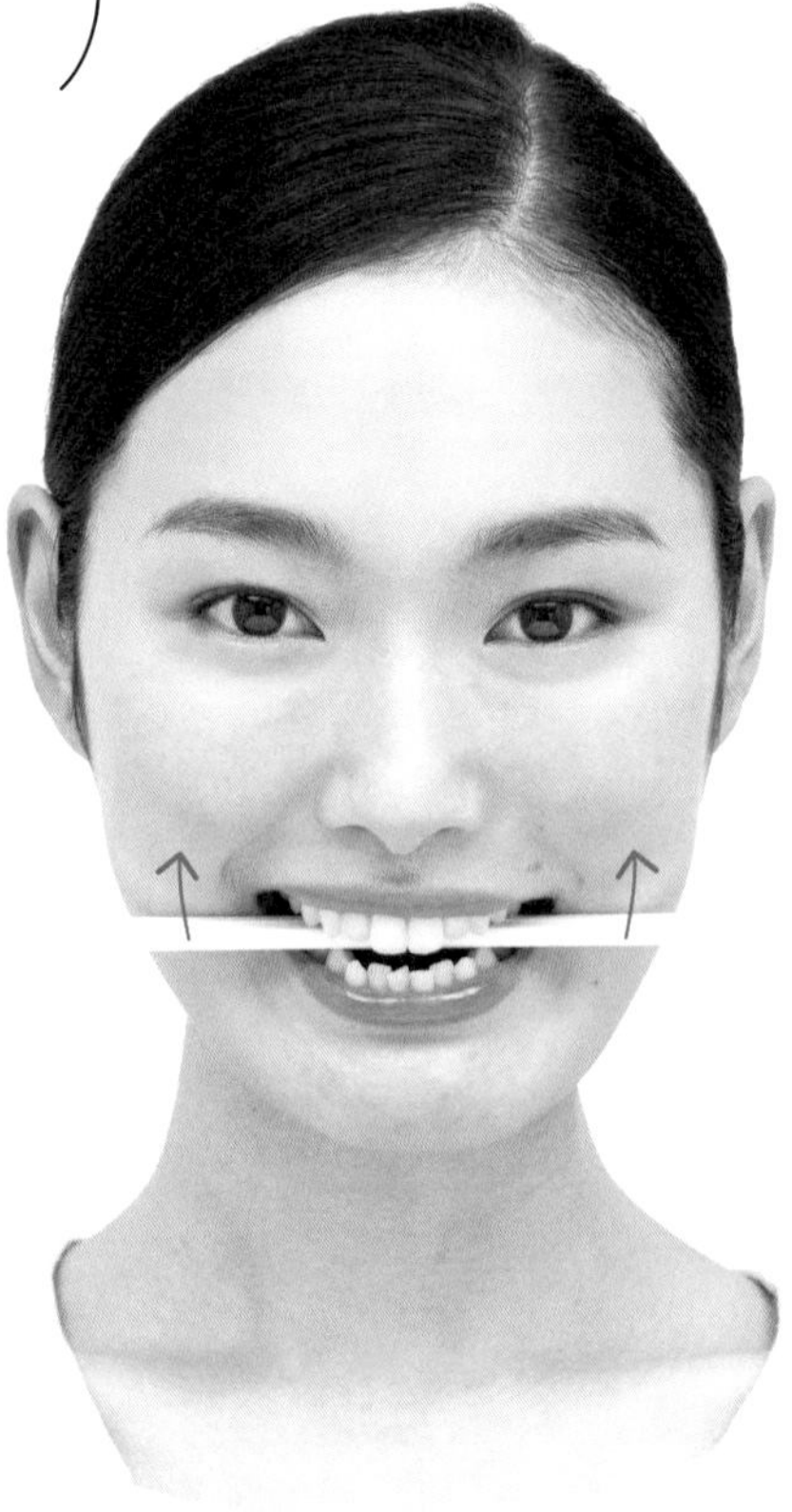

1

割り箸を左右の糸切り歯で軽くくわえて、割り箸よりも左右の口角を上に上げます。

➡25秒

○ **使う主な筋肉**

大頬骨筋《だいきょうこつきん》

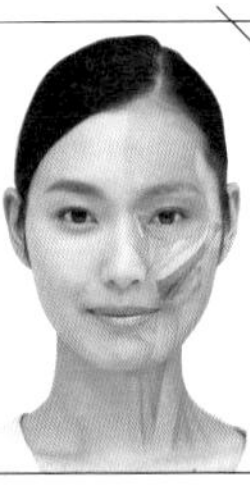

2

くわえたまま休憩します。

➡ **10秒**

3

1に戻ります。

Training

表情筋
トレーニング
15

口角アップ❸

時間があるときは、「口角アップ❷」とセットで行うと、さらに口角が上がりやすくなります。大きな笑顔をするときの表情筋が鍛えられます。

25秒×2セット

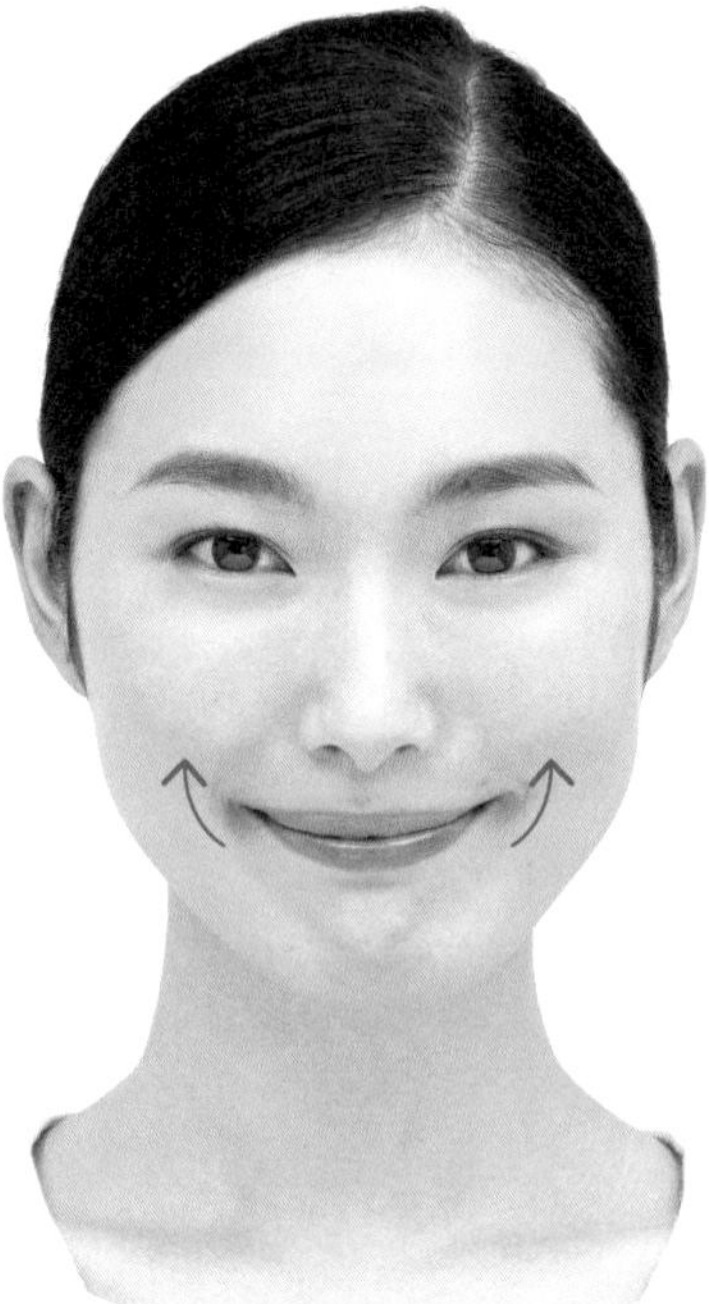

1

口角を上げて
笑顔をつくります。

➡5秒

2

そのままキープ。

➡5秒

○ 使う主な筋肉

大頬骨筋《だいきょうこつきん》

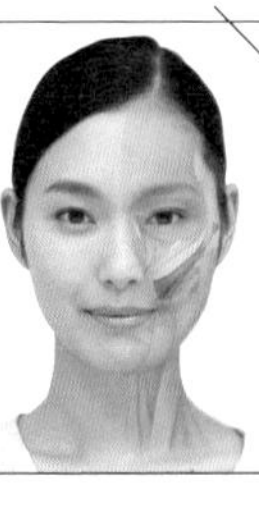

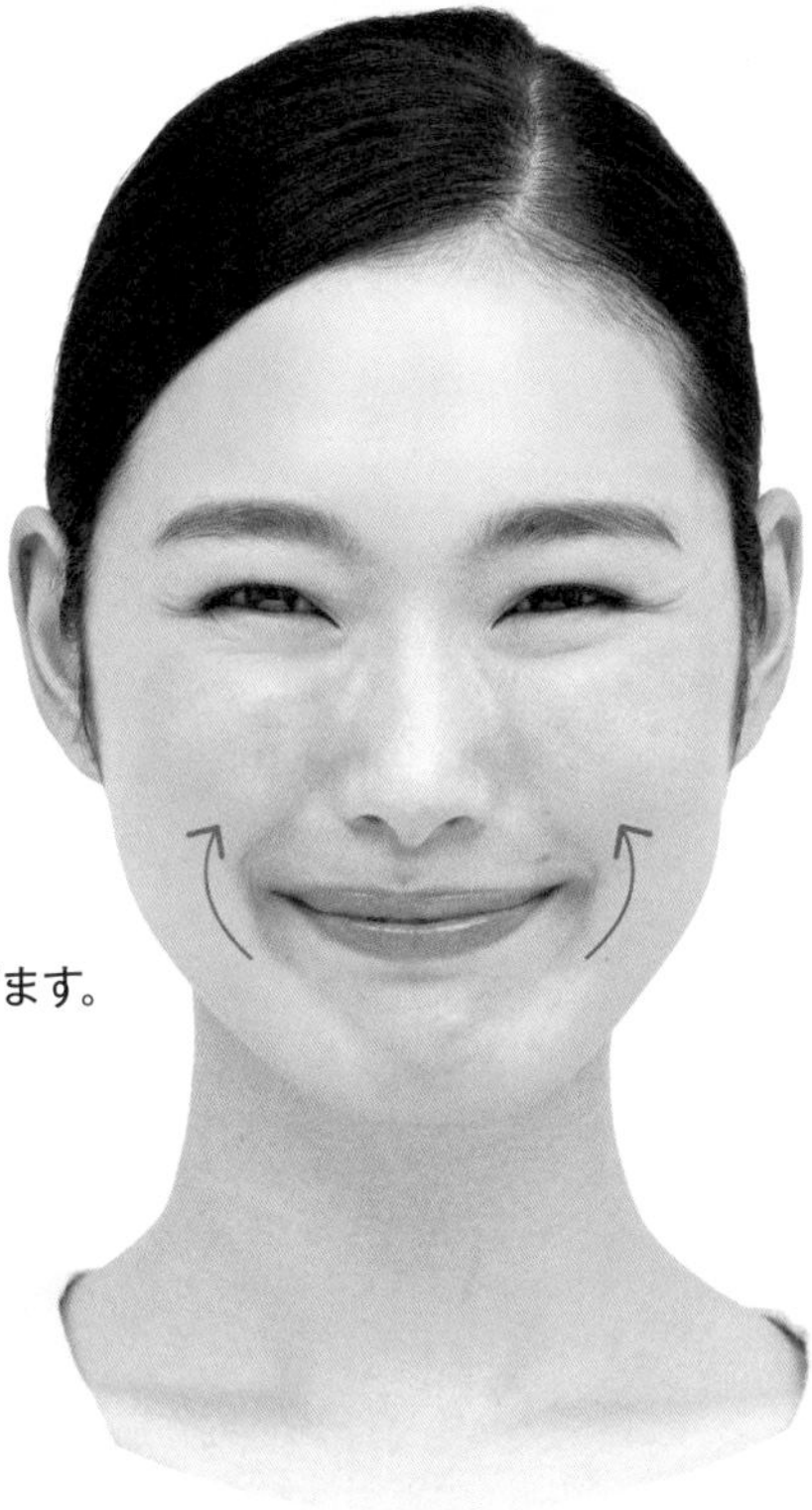

3

笑顔のまま、
頬をぐっと引き上げます。

➡5秒

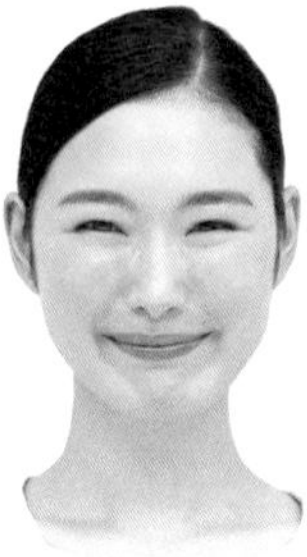

4

そのままキープ。

➡5秒

5

顔をもとの位置に
戻します。

➡5秒

表情筋
トレーニング
16

Training

顔を左右対称にする

人の顔は基本的に左右対称ではないといわれていますが、顔が左右対称であるほど美人度が上がります。左右の筋肉をバランスよく動かしましょう。

20秒 × 3セット

左右どちらかがより下がってきている場合は、
下がっている方のトレーニングを 2 倍行ってください。

1

口角を右に引き上げながら、
頬も引き上げます。

➡ **5秒**

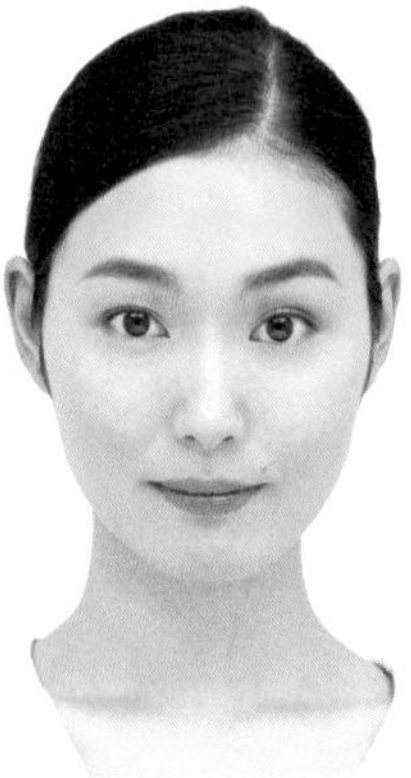

2

顔をもとの位置に
戻します。

➡ **5秒**

使う主な筋肉

上唇挙筋《じょうしんきょきん》、
小頬骨筋《しょうきょうこつきん》、
大頬骨筋《だいきょうこつきん》、頬筋《きょうきん》

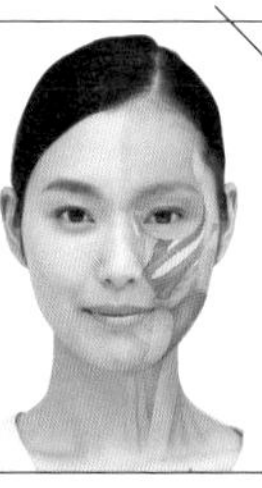

3

口角を左に
引き上げながら、
頬も引き上げます。

➡5秒

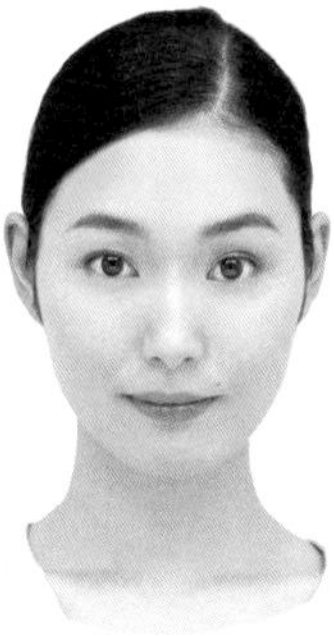

4

顔をもとの位置に戻します。

➡5秒

日常生活のクセ、たとえば、片方の歯ばかりで噛む、脚を組む、バッグを同じ肩ばかりにかける、などにも気をつけながら行いましょう。

Training

目の下のたるみをケア

目の下は、加齢により筋力が低下したり、目のまわりの筋肉を使うことが少なく、目の下の脂肪が筋肉を押しのけてしまうため、たるんできます。目のまわりの眼輪筋を鍛えて予防・改善につなげます。

（15秒×4セット）

1

上下のまぶたを
薄目の状態にします。

➡5秒

○ **使う主な筋肉**

眼輪筋《がんりんきん》

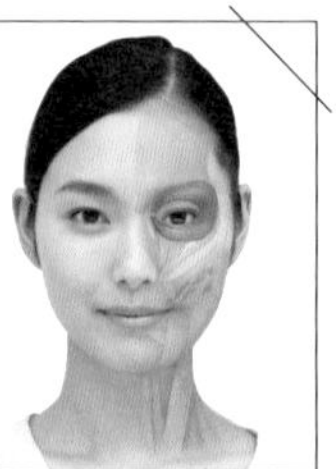

2

そのままキープ。

➡ 5秒

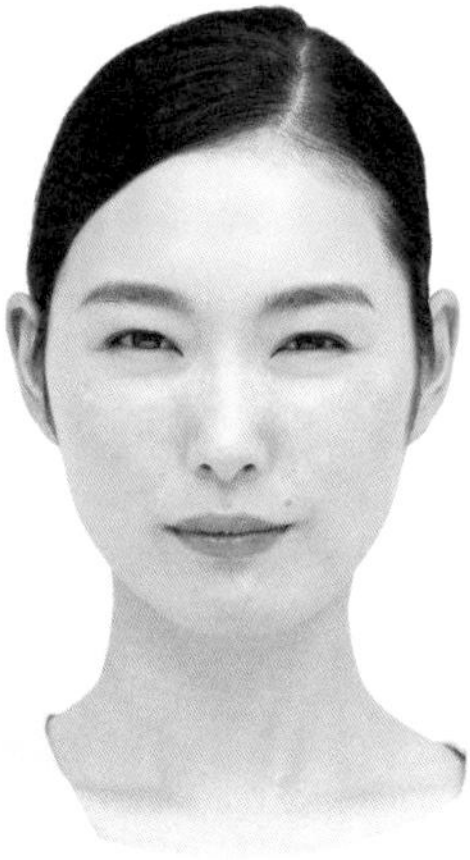

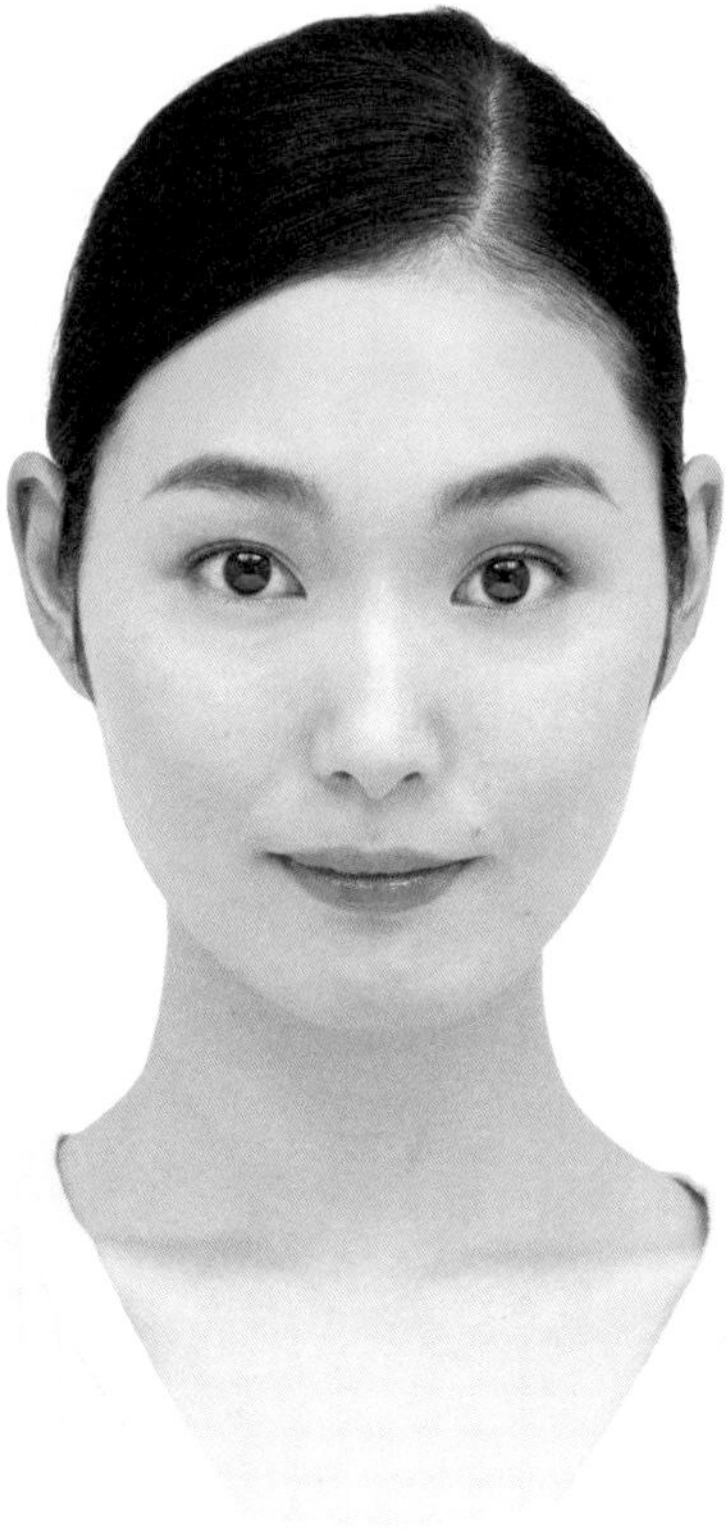

3

目をもとに戻します。

➡ 5秒

表情筋

トレーニング
18

Training

首のたるみ、しわをケア

加齢、重力、枕の高さが合わないなどの原因から、首のたるみやしわが出ます。普段伸ばすことのない首を伸ばしながら口角を上げることで、負荷を与え、予防・改善につなげます。

20秒×3セット

1

姿勢を正して鏡を持ち、上のほうを見ます。

➡5秒

○ 使う主な筋肉

広頸筋《こうけいきん》

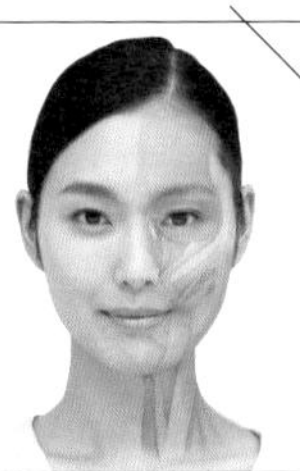

2

口角を上げて
笑顔をつくります。

➡ 5秒

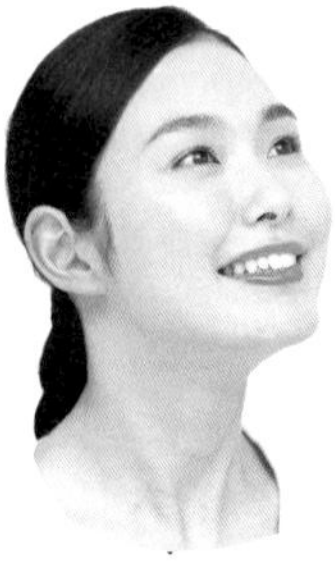

3

そのままキープ。

➡ 5秒

4

口を閉じながら、
もとの位置に戻ります。

➡ 5秒

Training

口のまわりのしわをケア❶

無表情や加齢で表情筋が衰えると、口のまわりの肌がたるんで、しわが目立つようになります。口と唇のトレーニングで引き締めます。

25秒×2セット

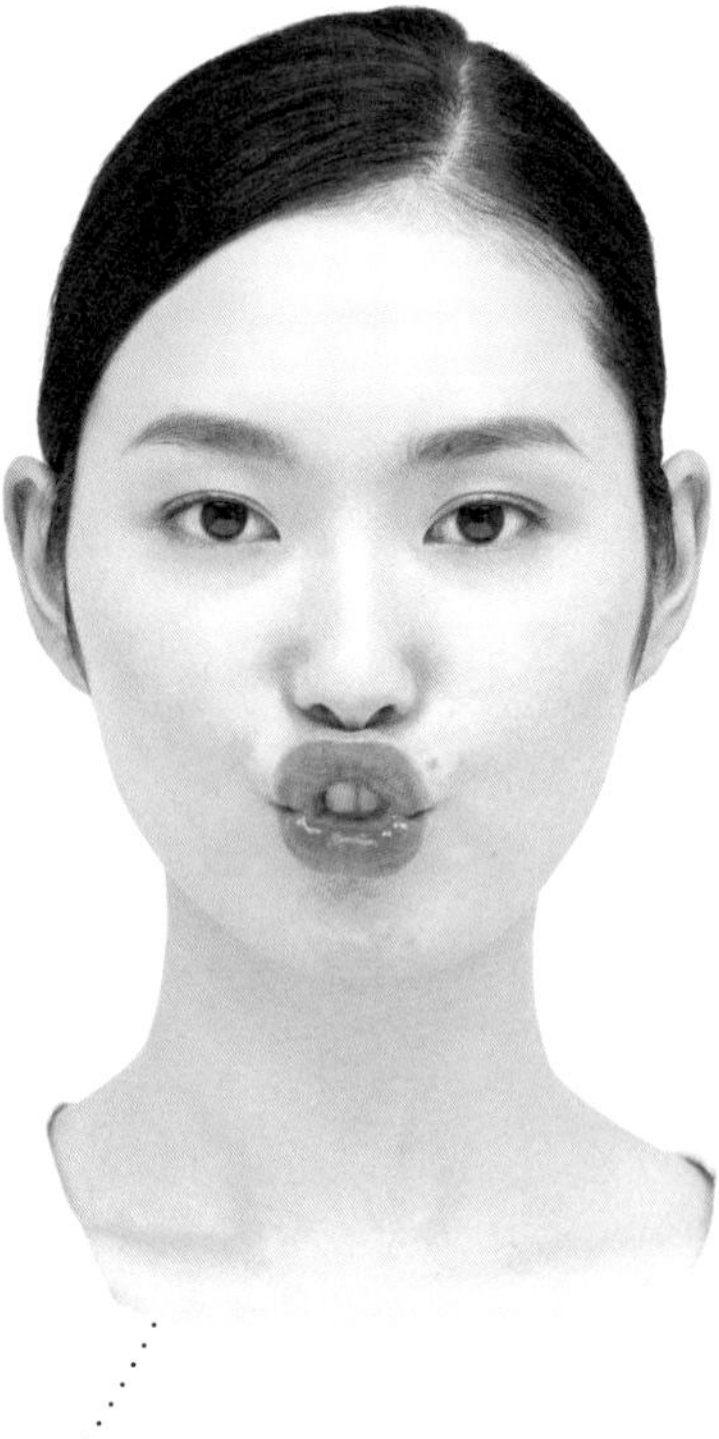

1

唇を外側にめくります。

➡**5秒**

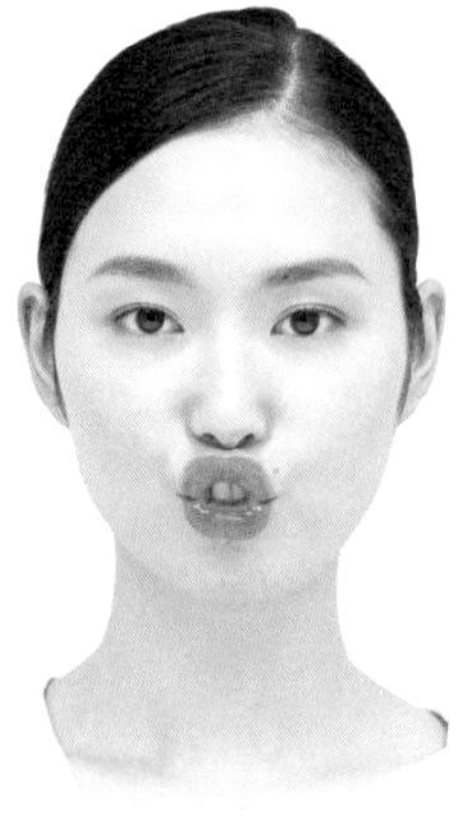

2

そのままキープ。

➡**5秒**

使う主な筋肉

口輪筋《こうりんきん》、
上唇挙筋《じょうしんきょきん》

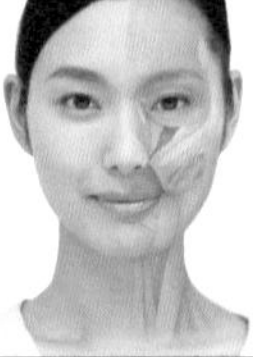

3

アルファベットの「O」の
口にします。

➡5秒

4

そのままキープ。

➡5秒

5

口をもとの位置に
戻します。

➡5秒

Training

表情筋
トレーニング
20

口のまわりのしわをケア❷

ケア❶とセットで行うことにより、さらにしわをとる効果が上がります。口と唇を徹底的に動かして、改善・予防につなげましょう。

30秒×2セット

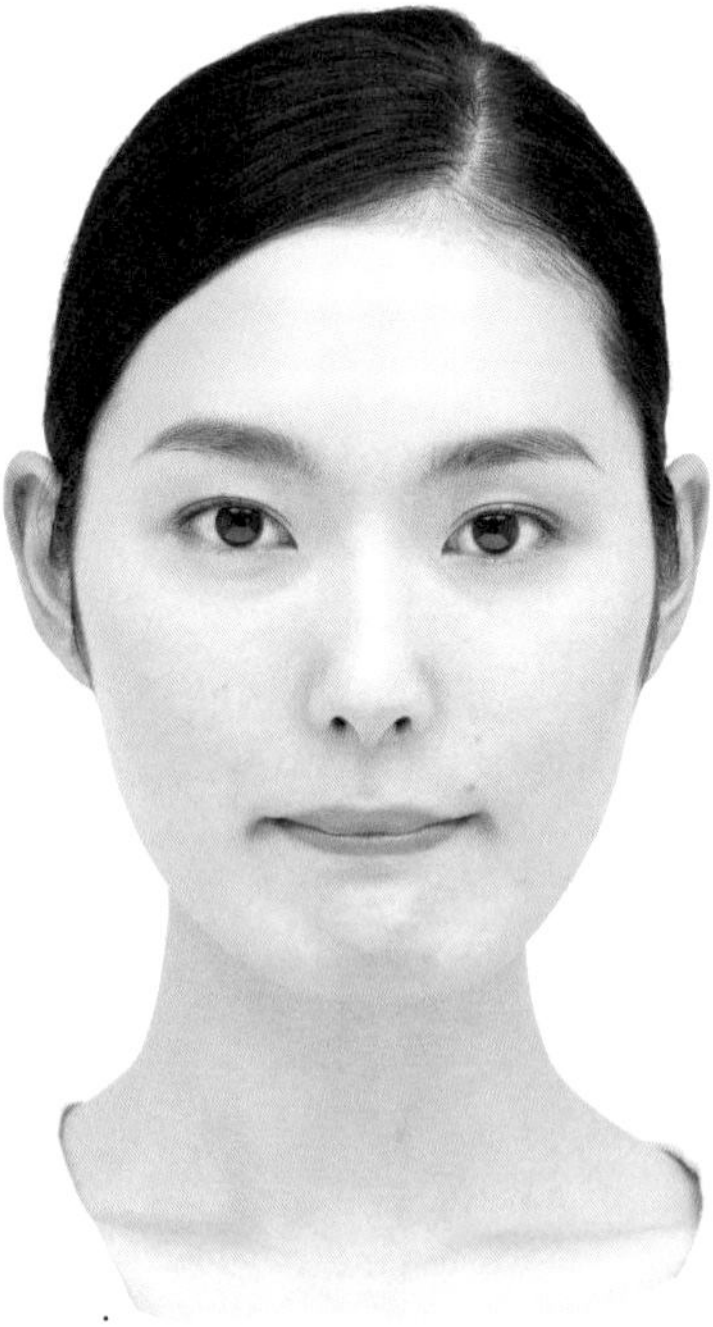

1

唇を口の中に巻き込み、
口を一直線にします。

➡5秒

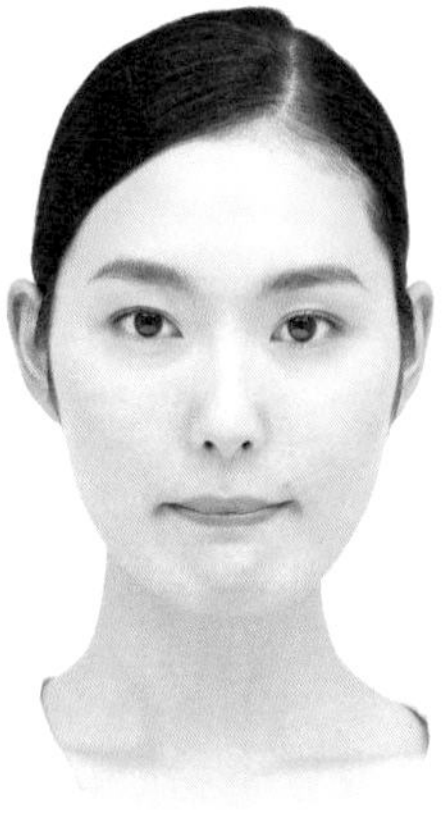

2

そのままキープ。

➡5秒

○ 使う主な筋肉

口輪筋《こうりんきん》、
上唇挙筋《じょうしんきょきん》

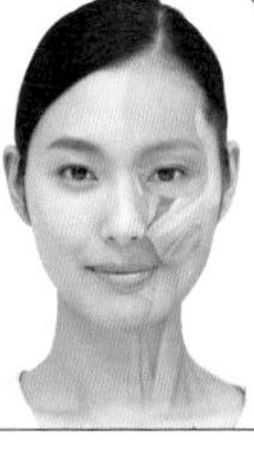

3

口をもとの位置に戻します。

➡5 秒

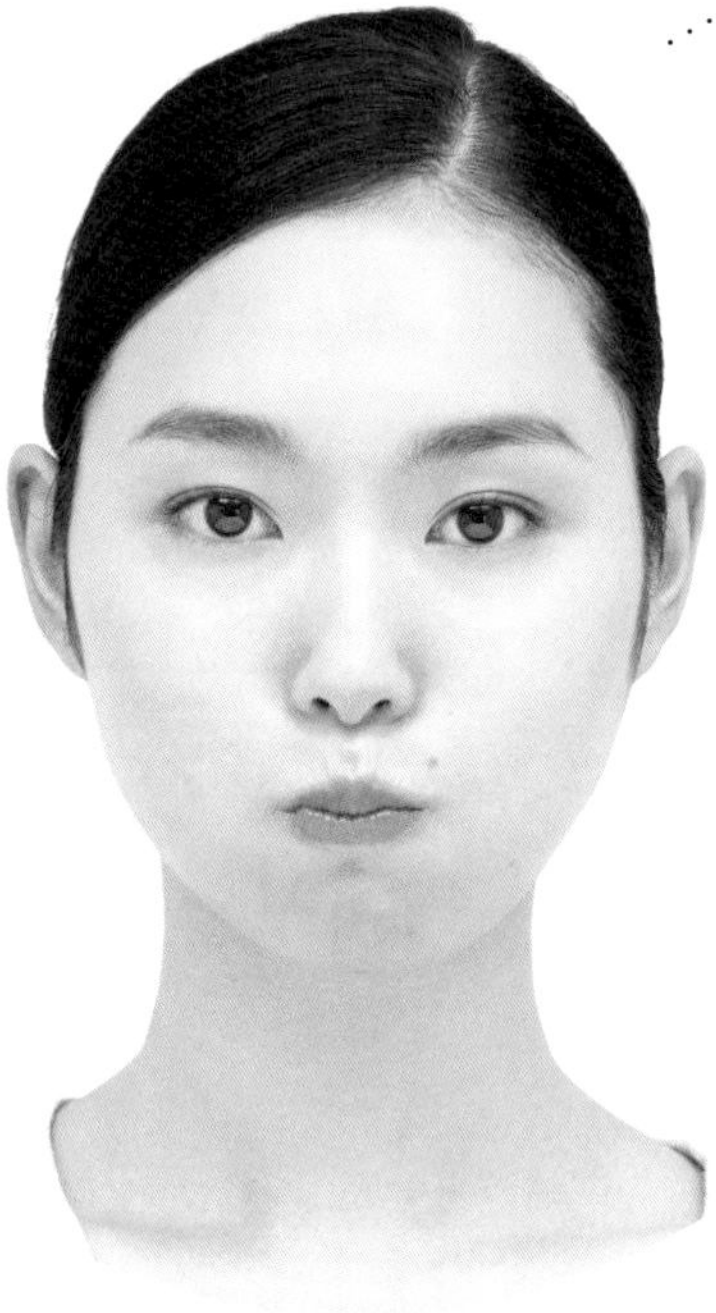

4

口の中をふくらませます。

➡5 秒

5

そのままキープ。

➡5 秒

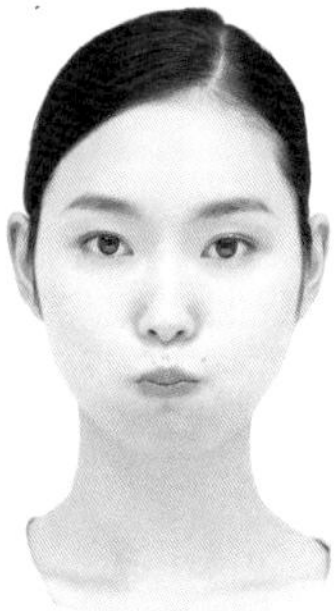

6

口をもとの位置に戻します。

➡5 秒

Column

Before and After

case ❸

Before

profile

Mさん　30代　男性

After

トレーニング内容

○表情筋トレ［基本］
顔全体の筋肉を動かす　#1～3

○表情筋トレ 9～10
おでこの横じわ、
目のまわりをケア❶～❷

（トレーニング期間 3weeks）

毎日1回3セット、鏡を見ながら自宅で行いました。ちょうどトレーニングをスタートした季節が花粉症の時期で、毎年、この時期は花粉症の影響で目が腫れてむくんで見えますが、表情筋トレーニングのおかげで目のむくみがとれて、顔全体もすっきりしました。

PART

4

いい顔を
キープする
10の習慣

一杯の水分補給が「**水分保持力**」を高め、肌をみずみずしくする。

全身に水分を行き渡らせる

私は毎朝の習慣として、グラス一杯の水を飲みます。

「水分補給が目的なら、オレンジジュースやコーヒーでもいいでしょう？」

こうおっしゃる方もいますが、ジュースやコーヒーはダメ、お茶もダメ。ただの「水」、「真水」でなければいけません。

朝一番に真水を飲むと健康や美容にいいとは、よくいわれます。

寝ている間、私たちは大量の汗をかきます。朝、起きたら喉がカラカラだったりするのはそのためです。全身が軽い脱水状態で、血液もドロドロになっていますから、すみやかに水分を補給して、血液と一緒に全身の細胞に行き渡らせなければなりません。そのためには、真水がいちばん効率よく、胃腸に負担をかけることもないのです。

私たちの体は、37兆個ともいわれる小さな細胞からできています。美と健康をキープするには、細胞の一つひとつに十分な酸素や栄養素、水分が供給されなければなりません。

それらの細胞が酸素や栄養素、水分で満たされていれば、肌も潤いに満ちてきます。体内から天然の美容液がにじみ出てくるのです。高価な化粧品を使わなくても素肌がきれいな人は、自分の体内で天然の美容液をつくり出せる人。

毎朝、真水を飲むことのメリットは他にもあります。たとえば、自律神経のバランスを整えることができます。自律神経は、本人の意思とは関係なく、生きるために不可欠な呼吸や心臓の拍動、消化などの働きを調整する神経です。自律神経には、活動を司る「交感神経」と、休息を司る「副交感神経」があります。必要に応じてそれらがバトンを交換することで、快適な日々を送ることができます。

しかし、ストレスが多い現代社会では、そのバランスが乱れがち。「自律神経失調症」に陥って、不眠症や多汗症、冷え、めまい、動悸、情緒不安定などに悩まされる女性が増えているのです。

朝一杯の真水を飲めば自律神経を上手に刺激し、休息モードから活動モードへの切り替えがスムーズに行われやすくなります。

グラス一杯の真水を一気に飲み干すことによって胃腸の蠕動《せんどう》運動が促され、便秘を防ぐ効果もあります。

化粧水は惜しみなくバシャバシャ浴びるように使う。

スキンケアで大切なのは何がなんでも保湿

私は、表情筋トレーニングのレッスンで、スキンケアの指導を行うこともあります。そんなときはよく生徒さんから、どんな化粧品を選べばいいのかと聞かれます。私がいつも答えるのは、スキンケアにおいていちばん大切なのは保湿だということ。とくに30代を過ぎたら、十分な水分補給が欠かせません。冬季はもちろん、夏の間も冷房が効いた室内は乾燥しています。日焼けも心配ですが、肌がよく潤っていれば、カサカサに乾いた肌と比べて日焼けはしにくいものです。

保湿ケアの核となる化粧品は、化粧水です。化粧水の基本的な役割は、ズバリ、水分補給。美白効果を持つ化粧水や、毛穴を引き締める収れん化粧水などもありますが、30代以降はやはり保湿効果の高い化粧水を選びましょう。年齢を重ねるにしたがい、肌からは天然の保湿成分であるセラミドやヒアルロン酸、コラーゲンなどが減少しますから、それらを補給してくれるような製品がいいでしょう。

化粧水を使うタイミングは、洗顔の直後。清潔にした潤いのある手のひらにたっぷりのせて、バシャバシャと浴びるようになじませるのがポイントです。敏感肌の私はコットンによってはチクチクと感じたりするので、手で行います。その日の肌の状態もわかりやすいため、手でなじませることをおすすめします。

高い化粧品を数滴つけても足りない

若い頃はカジュアルな化粧品を使っていた方でも、40代、50代になると、数万円もする高級化粧品を使うようになることがあります。もちろん、高価な化粧品には品質のいいものがあります。しかし、お値段を考えると、どうしても使う量を控えてしまうようなことはないでしょうか。高級化粧水を手のひらに数滴のせて、目のまわりや口もとにだけ、おそるおそる含ませている方を見かけたことがあります。それでは、全然足りません。手のひらが乾燥していたりすれば、せっかくの化粧水もそこでほとんど吸収されてしまうでしょう。

　年齢を重ねたから高い化粧品を使わなければいけないなどということはありません。私自身、５０００円を超えるような化粧品はほとんど持っていません。高級品がもったいないからと思って少しずつ使うくらいなら、リーズナブルな価格のお値打ち品でいいから、惜しみなく使うほうが、肌のためにはいいはずです。

肌をいつもしっとり潤わせるための対策は万全に。

週2回は保湿の補強をする

スキンケアのための基礎化粧品には、化粧水、乳液、美容液、クリームなどがありますが、意外に知られていないのが乳液、美容液、クリームの違いです。

簡単にいうと、化粧水などの水分を逃がさないようにするのが乳液とクリーム。保湿、美白、しわ対策などの目的に応じて、効果的な対策を行うものが美容液。そして、美容液をたっぷり含み、短時間で効率よく肌に浸透させてくれるものがシートマスクです。

シートマスクは顔全体にぴったりと密着するため、水分が蒸発することもなく、小鼻の脇などもくまなくケアすることができます。40歳を過ぎたら、二、三日に１回は保湿効果のあるシートマスクを使いたいもの。最近では、目的別にさまざまな種類のシートマスクが販売されていて、お値段も１枚あたり１００円以下のものから、高価な成分をたっぷり配合した、数千円もする高級品までありますが、一週間に一度高級品を使うより、半分のお値段のものを週に２回使うほうがいいでしょう。

ところで、レッスンの際に生徒さんから「シートマスクはいつ使ったらいいの？」

と、聞かれることがよくあります。目的や顔の状態によって変わってくると思いますが、私は基本的に、朝、使うようにしています。夜の間に肌が乾燥することが多いためです。

簡単に、毎朝の私のスキンケアをご紹介します。洗顔の後はオイルから始めます。すぐに化粧水を使ってもいいのですが、親水性の高いオイルには肌を柔らかくして、水分を浸透しやすくするブースター効果があるので、最初に塗っておくと、化粧水や乳液が肌によくなじみます。

オイルの後、化粧水で肌を潤したところで、シートマスクを10～15分程度使います（シートマスクをしている間は、洗濯やそうじをしています）。それから、目の周囲やほうれい線の上に、乾燥を防ぐためのアイクリームを塗ります。20代の頃から使い続けているクリームで、私のスキンケアには欠かせません。

次に乳液を塗り、日焼け止めクリームを塗って終了。自宅で過ごす日はメイクをしませんが、紫外線は室内まで射し込むため日焼け止めクリームだけは必ず塗ります。それでも日焼けをしてしまった日は、夜、就寝前に美白用のシートマスクを使うようにしています。

TOKKO
潤いシートマスク

Lesson 4

顔が見違えるようになる習慣

[day]

スマホを見るときは、顔の「角度」を意識して。

持ち方を変えて、顔下がり、首じわを防ぐ

スマホの一日の平均使用時間は1〜2時間程度といわれますが、ＳＮＳやゲームに夢中になっていると、つい3時間、4時間と過ぎてしまうこともあります。

その間、ずっと下を向いていたら、顔はどういうことになるでしょう。重力の作用で、顔全体がどんどん落ちてきます。さらに、首の筋肉がこり固まって頭部への血流が滞るため、酸素不足、栄養不足で新陳代謝が悪化し、ターンオーバーが長くなります。もちろん首は太く、短くなり、深い横じわも刻まれます。

今の時代、スマホを使わずに暮らすことはできません。でも、使うときは下を向いて操作するのではなく、できるだけ高い位置で持つようにしましょう。いちばんいいのは目の高さです。

今の顔とときどき向き合ってみる

人目が気にならない場所では、その姿勢のまま、ときどき自撮りをしてみるのもおすすめです。

年齢を重ねると、だんだん写真を撮られるのを嫌うようになる方がいます。10代、20代のように、頻繁に自撮りをすることもなくなります。でも、若々しい顔を保つには、自分の現在の顔と向き合うことがとても大切です。

表情筋トレーニングをしていても、顔の状態はつねに変わります。そのときごとに、どんなトレーニングが必要かを知るためにも、現在の顔の状態を確認しなければなりませんし、ときには危機感を持つことも必要です。

「毎日、鏡を見ているから大丈夫」と思われるかもしれません。しかし、鏡に映る顔と、写真に写った顔は違います。少し時間を置いてから写真の顔を見直すと、鏡で見るより客観的にながめることができます。動画なら、さらにいいでしょう。

自撮りのもう一つのメリットは、上手な写真の撮られ方がわかることです。いつも真正面から撮るだけでなく、左側から撮ったり、右側から撮ったりしてみてください。どんなに美しい人でも、真正面からの撮影は厳しいもの。誰にでも「利き顔」があるのです。自撮りをしていれば、どちらが自分の利き顔かがわかってきます。

鏡を見るときも、自分がいちばんきれいに、自分らしく見えるのはどの角度なのか、そんなことを考えながらながめるようにするといいでしょう。

GOOD

顔の角度を変えることで、しわとたるみを防ぎます。

BAD

ついつい下を向いて熱中している間に、顔、首にしわが刻まれていきます。

「目線を下げなくていい位置」を見つけると、顔・首のしわが消えていく。

一日中下を向いていない？

毎日の生活を振り返ってみると、下を向いて行う作業のなんと多いこと。本を読んだりスマホを操作したりするときだけでなく、デスクワークでも、料理や掃除などの家事でも、下を向いている時間がとても長いのです。逆に、上を向いて行う作業はほとんどありません。顔の若々しさを保つための大原則は、重力の影響を最小限に抑えること。そのためには、できるだけ下を向かず、顔を上げて生活することが基本です。日々の生活で上を向く機会が少ないなら、意識的につくりましょう。

パソコン操作の多い仕事をしている方は、モニタ・スタンドやノートパソコン・スタンドを利用して、モニタ画面が顔の正面にくるようにしてください。顔をまっすぐに保ったまま、視線を下げることなく作業できます。

顔を上げるための仕掛けをつくる

家事をするときも、顔を上げるための仕掛けはできます。たとえば、日用品を収納する際のひと工夫。

収納の基本として、毎日使うものは胸から目のあたりの高さに置くほうがいいとされます。でも、顔のためを思うなら、毎日使うものだからこそ、あえて顔より少し上に。上を向かなければ出し入れできないくらいの場所に置きましょう。

たとえば私は、洗濯洗剤を高い棚に置いています。おかげで、毎朝、洗濯のたびに顔を上げ、高いところを見て手を伸ばさなければなりません。自然、首も背すじもまっすぐに伸ばすことになります。普段の生活では意外にとることのない姿勢です。いちいち「運動」と思ってやっているわけではありませんが、実際にはかなり運動効果を実感します。

同じように、料理をするときも、よく使う調味料や調理器具は、あえて上の棚に置いたり、壁の上のほうに吊るしたりしてみたらどうでしょうか。食器やグラス類も、毎日使うものほど上に収納します。いちいちめんどうかもしれませんが、「めんどい！」と思うたびに、顔が若返ると考えてみてください。

通勤途中やオフィスの屋内を歩くときなども、意識して顔を上げ、視線を上に保ちましょう。そのとき、肩と耳をできるだけ離すような気持ちで歩くと、首すじがきれいに伸びて、首のしわができにくくなります。

GOOD

目線をフラットにしてしわやたるみを防ぎます。

BAD

「目線が下がりっぱなし」は、しわの原因に。

白湯で、肌のターンオーバーサイクルを早める。

血液やリンパの流れがスムーズになると肌は美しく

私は、春から秋までは、常温の水を毎日1・5リットルくらい飲みます。外出するときは、マイボトルに白湯《さゆ》を入れて持ち歩くようにしています。

白湯は、熱湯を少し冷ましただけのものですが、一度沸騰させることで不純物が除去されると同時に、お湯の中に気泡が生まれ、口当たりがよくなります。温度は、体に負担をかけない50度くらいがいいでしょう。

おなかが冷えると、便秘、むくみ、肌荒れなど、さまざまなトラブルが起こりがちです。白湯を少しずつ飲んでいると、胃腸がじんわりと温まり、働きがよくなります。血液やリンパの流れも改善するため、加齢とともに遅くなっている表皮の細胞のターンオーバーサイクルが早まり、吹き出物やしみが改善します。

つくり方は簡単。朝、やかんか鍋に水を入れて火にかけ、10〜15分沸騰させます。しばらく置いて少し冷めたら、とりあえずグラスに一杯。残りは保温ボトルに入れて、少しずつ飲みます。味がないと飲みにくいという方は、レモン汁、蜂蜜、生姜汁などを加えたり、ミントの葉を浮かべると飲みやすくなります。

筋肉が
動いているか、
ときどき
たしかめてみる。

顔は重力に耐え切れなくなっている

ヘアサロンでシャンプーやカラーリングの後など、頭皮をマッサージしてもらうと、とても気持ちよくありませんか？

頭部の筋肉がもみほぐされた結果、血流とリンパの流れが改善するためです。骨と頭皮の間には、薄いけれど強靱な筋肉があります。

頭頂部から眉毛のあたりにかけて、頭部の前方を覆っているのが、目や眉毛を動かす前頭筋。側頭部とあごの骨をつないでいるのは、あごを動かして咀嚼《そしゃく》するのに不可欠な側頭筋。そして、頭頂部から頭の後ろを通って首の骨にまでつながっているのが後頭筋。

一日24時間、重い頭部を支えてくれている、非常に重要な筋肉です。

長時間、同じ姿勢を続けると、この筋肉がこり固まり、頭痛や肩こりの原因になります。さらに、頭部への血流が滞り、頭痛や眼精疲労などさまざまなトラブルを引き起こします。顔が重力に耐え切れなくなり、たるみ始めるのも後頭筋の疲労が原因ということも多いのです。

顔の若さをキープしていくには、後頭筋の柔軟性が不可欠です。

後頭筋が衰えていないかチェック

日頃から頭皮のケアを怠らずに柔軟性を保てば、肌だけでなく髪も美しく若返ります。後頭筋が硬くなると毛穴が締まって狭くなるため、髪が細くなって艶やコシを失うだけでなく、抜け毛が増えていきます。

後頭筋も顔の筋肉とつながっていますから、表情筋トレーニングによって鍛えることができます。「弱っているな」と思ったら、積極的にトレーニングを始めてください。

後頭筋の柔軟性をチェックする方法は簡単。目を閉じて、両手の5本の指を軽く開いた形で後頭部に差し入れてください。そのまま目をゆっくりと開いてから、またゆっくりと目を閉じていきます。

後頭筋が健康で柔軟なら、そのとき、目の動きと連動して頭皮が動くのを感じることができます。微妙な動きではありますが、たしかに頭皮の下の筋肉が動くのです。もし、その動きを感じられないとしたら、後頭筋が衰えている証拠です。

Lesson 8
顔が見違えるようになる習慣
[day]

トレーニングが続く仕掛けをつくっておく。

1分、ながらトレが効果的

毎年のように、お正月を迎えると倹約を誓うのに、1か月もたつとやめてしまう。早起きしてジョギングをしようと決意しても、結局、2週間しか続かない……。残念ながら、表情筋トレーニングを始めた方々からも、そうした「続かない」という報告は届いています。

三日坊主の方たちに共通するのは、最初に力が入り過ぎること。

表情筋トレーニングはとても簡単で安全な筋トレです。必要なツールは、顔を映す手鏡だけ。お金もかからないし、副作用の心配もありません。しかも、一日にほんの1分か2分行うだけで、確実に効果があります。

ただし、続けなければ意味がありません。最初は基本的な筋トレを一つか二つ、一日1分でもいいから、続けることが成功のカギです。

ところが、力が入り過ぎて、いきなりあれもこれもと欲張って、いくつものトレーニングを同時並行的に始める方がいます。それも、朝、昼、晩と、合計30分も1時間もがんばってしまうのです。

そんな努力を長く続けるのは難しいかもしれません。

みなさん、仕事や家事で忙しいのですから、もっと気楽に考えてください。「余り時間」や「ながら時間」を利用すればいいのです。

私の生徒さんの中には、お風呂に入りながらや、お風呂あがりに表情筋トレーニングをしているという方がたくさんいます。入浴中は体が温まり、血行がよくなっていますから、筋トレの成果が上がり、美肌効果も期待できます。

出勤途中、駅まで歩いているときに、目を見開くトレーニングをしている人もいます。せっかく戸外にいるのですから、遠くのビルや空を見上げながら行えば、さらに効果的です。

家の中で掃除機をかけながら、口角を上げたり、あご先を引き上げたりするトレーニングをするという人もいます。それが習慣になれば、掃除をするたびに表情筋を鍛えられます。掃除の時間を、そのまま顔のケア・タイムに変えられるのです。

そんな「ながらトレーニング」が可能なのも、手軽で簡単な表情筋トレだからこそ。長く続けて確実な効果を上げるためにも、肩の力を抜いてトレーニングを始めてください。

Training

Ex. お風呂あがりにながらトレ

[頬のたるみをケア]

1

小鼻の横、頬骨の下あたりから、
親指の腹で斜め上に押していきます。

2

頬骨に沿って、少しずつ位置を移動させながら
頬骨の外側まで親指の腹で押し上げます。

＊1プッシュ6秒を、頬骨の下を3か所くらいに分けて3回繰り返します。

Lesson 9

顔が見違えるようになる習慣

[night]

しわが刻まれるもとになる「枕」の高さを変えてみる。

枕の高さで老化が進む!?

「枕が変わると眠れない」という人もいるとおり、枕の好みは人それぞれです。「高いほうが好き」という人がいれば、「高いと眠れない」という人もいます。しかし、枕は本来、単純な好みより体格によって選ぶべきです。肩幅や胸の厚み、首の長さ、頭の形などによって、安眠できる枕の高さも決まってきます。

「高い枕が好き」と思っている方でも、ほんとうはもう少し低い枕のほうが合っているかもしれません。枕の高さが合わないと、ぐっすり眠れないだけでなく、頭痛、肩こり、首こり、いびき、さらに顔のむくみや首のしわの原因にまでなってしまいますから、見過ごすことはできません。

枕の適切な高さは、寝姿勢によっても違ってきます。しかし、顔の老化を防ぐためには仰向け寝が最適ですから、ここでは仰向け寝を想定してお話ししましょう。

ポイントとなるのは、枕に頭を載せたときの首の角度です。横から見たとき、首の骨がゆるやかなS字カーブを描いているのが理想的です。枕選びの専門家によれば、肩口から頭にかけての傾斜が10～15度、顔の傾斜は5度前後が目安となるそうです。

枕が高過ぎても低過ぎても、カーブの形は崩れます。高過ぎれば一晩中、首の筋肉が緊張して血流やリンパの流れが停滞。長時間、うつむいたまま眠ることになるため、首の前面のしわが深く刻まれます。反対に、枕が低過ぎると、のけぞった形が続いて頭部によけいな水分や老廃物がたまるため、朝、起きたら顔がむくんでパンパンなどということになってしまいます。

枕の高さが適切かどうかは、仰向けに寝てまっすぐ正面を見たとき、何が見えるかでチェックできます。顔の真上より少し前方なら適切。自分の脚が見えるようでは高過ぎます。真上が見える場合は低過ぎます。

表情筋トレをするときのように、鏡を使って確認する方法もあります。いつも寝ている状態で枕に頭を置き、鏡を顔の真上に掲げてください。その状態で、鏡に映る首の状態を見てみましょう。

起きているときには気づかないしわが見えたら、枕が高過ぎるサインです。同じ枕を使い続けるとそのしわが固定化してしまいますから、もう少し低い枕と交換したほうがよいでしょう。

＊枕が低過ぎても、肩こり、顔のむくみが起きたり、頭痛、めまいの原因になることもあります。

「いい顔」をつくるのは自分史上最上級の笑顔。

口角を上げて、上の前歯8本を見せて

私は普段から人の顔を見るのが大好きです。魅力的な女性を見つけると思わず目が釘付けになり、どうしてこの人はこんなに素敵なんだろうと考えてしまいます。

いつも強く思うのは、必ずしも生まれもった目鼻立ちだけが重要ではないということ。どんなに整った顔でも、表情が冷たかったり、口もとがゆがんでいたりしたら、人の心をひきつけることはできません。

逆に、目鼻立ちがとくに整っているわけではないのに、なぜか愛される顔があります。日本のタレントさんや女優さんの中にも、そういう顔を持った方はたくさんいます。いったい彼女たちの何がそんなに魅力的なのでしょう。

やはり、笑顔だと思うのです。

多くの人に愛される人は、みなさん、笑顔が素敵です。「営業スマイル」などと揶揄《やゆ》されるような、つくった笑顔ではなく、内側からこぼれ出る笑顔です。

とくに欧米では、男女を問わず、映画俳優やテレビタレントからビジネスマン、そして政治家まで、第一線で活躍する人たちはみな魅力的な笑顔を持っています。

口角をきゅっと上げて、上の前歯を8本以上しっかり見せる、見事な「ビッグスマイル」です。

欧米の人は子どもの頃から、笑顔で自分をアピールする訓練をしながら育ちます。堂々と前歯を見せられるよう、歯並びが悪ければ親が歯列矯正を受けさせ、大人になってからもホワイトニングなど歯のお手入れを欠かしません。

日本でも歯列矯正を受ける人は増えてきましたが、アメリカなどに比べればまだまだのようです。歯に自信がないから大きく口を開けて笑えないという人もいます。でも実際には、自分で気にするほどまわりの人たちは気づいていないのではないでしょうか。

まずは自分自身のために、素敵な笑顔をつくってみませんか。毎朝、鏡の前で、自分自身に向かって「おはよう」と挨拶しながら、思いきり笑ってみましょう。しっかり口角を上げて、上の前歯を8本見せて。

どうですか？　「さあ、行くぞ！」という気持ちになりませんか？　それだけで、一日を過ごす姿勢が前向きになってくるはずです。たとえ家の中で一人きりでも、誰も見ていなくても、笑顔になることはとても大切なのです。

tokiko ishikawa

Epilogue

自分の顔は自分でつくる

私が、いつまでもきれいだなと思うのは、必ずしも顔立ちが整った方ではありません。顔の表情が魅力的な人、品のいい人、温かみのある人、笑顔の素敵な人……。

女性は年齢を重ねると、どうしても自分の顔の欠点ばかりが気になります。欠点を隠そうとして、だんだんメイクが濃くなっていきます。アクセサリーも、大振りで目立つものばかりつけたくなります。でも、ほんとうはメイクもアクセサリーも、シンプルで控えめなほうが若々しく見えるもの。40歳を過ぎたら「引き算メイク」で、内面からにじみ出る、自分らしい美しさをつくりたいではありませんか。

表情筋トレーニングの目的は、顔の筋肉を鍛えることで、顔の外見を磨くことです。私は、表情筋トレーナーとして、見た目が美しく若返ることで、内面まで生き生きと生まれ変わった方をたくさん見てきました。「なりたい自分」を具体的にイメージすることで生き方が前向きになり、実際に「なりたい自分」に近づくことで自信が湧いてくるのだと思います。

外見を変える方法はたくさんあります。いろいろなダイエット法に取り組む人がいれば、小顔になるために骨を動かそうとする人もいます。でも、40歳過ぎて無理に痩せると、ハリを失ってやつれた感じになり、かえって老けた印象を与えます。

40歳を過ぎた今だからこそ、ダイエット効果に一喜一憂したりせず、おいしいものをたくさん食べ、楽しいことをして、笑って暮らしたいではありませんか。

たくさん食べれば、顔にもお肉はつきます。でも、表情筋トレーニングで顔の筋肉を動かせば、きゅっとしまった顔になります。笑うとしわが増えるという説もありますが、大ウソです。笑えば笑うほど体温が上がり、幸せホルモンが分泌されるので、肌もつやつやしてきます。くるくると表情が変わり、よく笑う明るい人の周囲には、自然と人も集まり、顔だけでなく、人生そのものが若やいでくるのです。

40歳過ぎたら、自分の顔は自分でつくるもの。充実した人生を楽しみ、前向きな毎日を送っている人ほど、素敵な顔をしていることを忘れないでください。

2020年2月　石川時子

1973年生まれ。表情筋トレーナー。ミス・ジャパン愛知ビューティキャンプ講師。

2011年に表情筋トレーニングと出合い、アシスタントなどを経て2015年よりプロ講師として活動を開始。見た目も中身も生まれ変わる塾として、オーダーメイドのグループレッスンやマンツーマンレッスンを行う。

「ほうれい線を消したい」「おでこの横じわをどうにかしたい」「フェイスラインのたるみが気になる」「上まぶたがたるんで老けて見える」「口角・目尻が下がってきた」といった、40代前後から訪れる切実な悩みを、「道具なしで10歳若返らせる」「誰でも、無理なく、すぐにできる」レッスンが注目を集める。

ビューティキャンプ、一般向けのレッスンのほか、芸能コースに通う10代男女向け表情筋トレーニング、大手コスメメーカー、保険会社の企業内研修、40代ママ向けレッスンなど、指導は多岐にわたる。

石川時子《いしかわときこ》

Instagram tokiko_ishikawa
Blog https://ameblo.jp/ishikawatokiko

顔《かお》が上《あ》がる↑　1分《ぷん》×表情筋《ひょうじょうきん》トレ

2020年3月10日　第1刷発行

著　者　石川時子《いしかわときこ》
発行者　佐藤 靖
発行所　大和《だいわ》書房
東京都文京区関口1-33-4　〒112-0014
電話　03(3203)4511
本文印刷　廣済堂
カバー印刷　歩プロセス
製　本　ナショナル製本

ISBN 978-4-479-78500-2

http://www.daiwashobo.co.jp

デザイン
庄子佳奈
モデル
未有
撮　影
市川勝弘
ヘアメイク
坂口等
スタイリング
前山菜苗
イラスト
さとうあゆみ
ライトスタッフ
編集協力
松本薫
校　正
唐木緑